Jean-Jacques Dufour

Aviation commerciale britannique

A century

ABD éditions

Aviation commerciale britannique - A century de Jean-Jacques Dufour

Première édition : Septembre 2018

ABD éditions
abdeditions@gmail.com
http://abd-editions.wix.com/abdeditions
https://www.facebook.com/ABD-éditions-536628819836347/
https://twitter.com/abdeditions

ISBN
979-10-95247-31-9

Chez le même éditeur

<u>Sciences et techniques</u>

Comprendre les moteurs d'avions, Romain Arcis, ABD éditions, Juillet 2015

<u>Aviation</u>

Une Histoire de l'aviation commerciale, Jean-Jacques Dufour, ABD éditions, mai 2016

Aviation commerciale française - le centenaire, Jean-Jacques Dufour, ABD éditions, janvier 2018

<u>Humour</u>

Brèves de boulot, Adrien Simon, ABD éditions, Septembre 2015

<u>Management</u>

Le guide du tutorat en entreprise, Bertrand Dufour, ABD éditions, Septembre 2015

<u>Théâtre</u>

Le Procès de Julien Sureau, Jean-Jacques Dufour, ABD éditions, Octobre 2015

Meg, Jean-Jacques Dufour, ABD éditions, Novembre 2015

Monsieur Joseph, Jean-Jacques Dufour, ABD éditions, Février 2016

Duo ou presque, Jean-Jacques Dufour, ABD éditions, Octobre 2016

<u>Cinéma</u>

Les Tontons flingueurs décryptés, Bertrand Dufour, ABD éditions, Mars 2016

Du même auteur

Le Procès de Julien Sureau, Jean-Jacques Dufour, ABD éditions, Octobre 2015

Meg, Jean-Jacques Dufour, ABD éditions, Novembre 2015

Monsieur Joseph, Jean-Jacques Dufour, ABD éditions, Février 2016

Une Histoire de l'aviation commerciale, Jean-Jacques Dufour, ABD éditions, mai 2016

Aviation commerciale française - le centenaire, Jean-Jacques Dufour, ABD éditions, janvier 2018

Duo ou presque, Jean-Jacques Dufour, ABD éditions, Octobre 2016

Aviation commerciale britannique

A century

de Jean-Jacques Dufour

Septembre 2018

Préambule

J'ai toujours eu un grand intérêt pour l'aviation commerciale, beaucoup moins pour les chasseurs et les bombardiers, même s'il est bon d'avoir les moyens de se faire respecter, dans un monde qui laisse trop souvent les fous au pouvoir…

J'ai proposé *Une histoire de l'aviation commerciale* qui a permis de faire une grande synthèse du développement sur cent ans du transport aérien à travers le monde. L'histoire et l'évolution des transporteurs, des matériels volants, des aéroports et les tragédies qui ont marqué la profession.

Pour limiter le nombre de pages, les sujets ont été synthétisés au maximum et parfois il est frustrant pour l'auteur de ne pas donner plus d'informations sur les moments forts d'une compagnie, l'importance d'un homme ou d'une femme, le développement parfois difficile d'un avion.

C'est pourquoi, j'avais décidé de consacrer un livre à l'aviation commerciale française qui a cent ans. Une analyse plus détaillée de l'histoire des transporteurs, de leur rôle dans le progrès économique et une connaissance plus approfondie des machines utilisées par les compagnies aériennes.

J'ai surtout ajouté une partie consacrée aux hommes et femmes qui, sur un siècle, ont apporté leur savoir, leur courage, leur esprit d'entreprise pour la réussite de l'aviation française, qui a eu un rôle de pionnier au début du XXème siècle. Ce fut la construction de nouveaux avions, des tentatives de raids souvent fous, et les premiers résultats apportant à l'économie la vitesse pour les déplacements des voyageurs et surtout pour le courrier, très important dans les affaires. J'ai aussi présenté les plateformes aéroportuaires dont dispose la France en Métropole et dans les Territoires d'Outremer.

Après avoir terminé le livre, j'ai considéré que le Royaume-Uni, qui est une grande nation aéronautique, avait une aviation commerciale qui méritait d'être mieux connue. Elle a eu depuis un siècle des pionniers courageux, vu la création de multiples compagnies aériennes, bénéficié du talent de nombreux fabricants qui avec des ingénieurs compétents, des pilotes talentueux, ont offert au monde des avions de transport en grand nombre. Beaucoup avaient le dessein d'ouvrir l'Empire britannique aux moyens de communication les plus rapides pour relier des villes très lointaines.

Le Royaume-Uni s'il dispose de nombreuses plateformes aériennes, a un gros problème de saturation sur plusieurs d'entre elles, et les surfaces disponibles étant moins grandes qu'en France, se pose le problème des agrandissements. Les perspectives dans les vingt années à venir posent de sérieux problèmes pour écouler de manière fluide un trafic qui va probablement doubler.

C'est la synthèse de toutes ces histoires et de tous ces talents que ce livre vous propose et pour lequel je vous souhaite une bonne lecture.

Jean-Jacques Dufour

Sommaire

Introduction 7

Histoire des compagnies aériennes 17

   Les transporteurs avant la guerre 1939-1945 19

   Le monde du transport aérien britannique après la guerre 1939-1945 ...31

Personnalités : de John Alcock à sir Franck Whittle 105

Les avions britanniques : d'Airco à Westland 127

Les aéroports 183

   Principaux aéroports pour le fret 187

   Informations sur les aéroports britanniques 188

      Londres 188

      Autres aéroports proches de Londres 200

      Les autres platcformes aéroportuaires britanniques 203

La sécurité aérienne 245

   Les accidents 247

   Quelques drames 253

Conclusion 255

Bibliographie 259

Crédit photos 261

Introduction

L'histoire de l'aviation commerciale britannique est longue et complexe. Comme la France, le Royaume-Uni, qui comprend la Grande-Bretagne et l'Irlande du Nord, a eu très tôt des aventuriers qui ont eu le courage de voler sur des machines un peu folles, qui ont donné des pilotes courageux, puis des fabricants ont proposé des appareils au transport aérien balbutiant. Les britanniques sont réputés pour être pragmatiques et avoir le sens des affaires, du « business », rapidement les plus clairvoyants ont compris que les nouveaux moyens aériens allaient engendrer une demande de déplacements, une facilité pour transporter plus rapidement les voyageurs et le courrier. Le Royaume-Uni des années 1920 était à la tête d'un immense empire. Relier Londres à toutes les grandes villes plus rapidement qu'en bateau était un objectif fondamental. Les grandes liaisons allant de Londres à Sydney en passant par Bombay, Singapour ou vers le Cap en passant par Nairobi étaient une nécessité, surtout dans un monde que les idées d'indépendance commençaient à agiter.

A partir de 1920 les premières compagnies ont commencé à proposer des liaisons intérieures puis en traversant la Manche en particulier vers Paris. Ensuite ce fut Bruxelles, Amsterdam, Ostende et le Touquet pour les loisirs. Cologne et Berlin suivront. Les appareils étaient frêles, sous motorisés, n'emportant que quelques voyageurs pressés, intrépides et surtout du courrier. En 1922 la concurrence existait déjà car il y avait trois compagnies britanniques et deux françaises sur la ligne Paris-Londres ! Petit à petit la voie aérienne a commencé à entrer dans les esprits et à partir des années 1930 les lignes lointaines vers l'Asie et l'Afrique ont été un axe de développement. Les fréquences étaient faibles, la durée des voyages était très longue avec de nombreuses escales, mais le temps pour se rendre à Bombay ou au Cap était deux fois plus court que le traditionnel paquebot. Arriva la seconde guerre mondiale qui vit l'arrêt des vols commerciaux, sauf vers les iles écossaises et l'Irlande, les avions étant réquisitionnés au bénéfice de la RAF.
Pendant la guerre le gouvernement anticipant la victoire finale et le retour de la mobilité des britanniques avait demandé à lord Brabazon de formuler des recommandations pour les nouveaux avions de transport à construire. Les recommandations du comité étaient les suivantes :

- Type 1 : Construction d'un appareil long courrier pour les lignes d'Amérique du Nord, assurées en douze heures dans de bonnes conditions de confort.
- Type 2 : Un avion court-courrier pour remplacer le DC3.
- Type 3 : Un appareil moyen-courrier pour assurer les dessertes de l'Empire.
- Type 4 : Un avion à réaction de cent places.
- Type 5 : Nouvelle recommandation établie plus tard pour compléter le type 2, suite à l'évolution des performances.

Le conflit a fait faire des progrès gigantesques au transport aérien sur les longues distances. A la fin de la guerre, le temps était venu d'organiser le transport aérien britannique, sous la houlette de plusieurs compagnies d'Etat comme la BOAC et la BEA, ainsi que la création de compagnies privées.

Les besoins en déplacements étaient considérables. La guerre avait suspendu beaucoup de contacts dans le Commonwealth, certains pays avaient été occupés, les vols vers l'Australie totalement interrompus. De nombreuses personnes avaient été déplacées par la guerre, des prisonniers étaient en attente du retour tant rêvé, les familles séparées souhaitaient ardemment se retrouver. L'Administration devait reprendre ses missions, la presse rendre compte des situations et les hommes d'affaires relancer leurs activités. Pour cela le « Civil Aviation Act » de 1946 avait fait la part belle aux entreprises nationalisées : BEA, BOAC, BSAA, BCPA.
Elles avaient chacune un domaine à développer :
- BEA : British European Airways : lignes européennes.
- BOAC : British Overseas Airways Corporation : lignes internationales, Amérique du Nord, Asie, Afrique, Australie, Nouvelle Zélande.
- BSAA : British South American Airways : lignes desservant l'Amérique Centrale et du Sud.
- BCPA : British Commonwealth & Pacific Airways: liaisons Australie-Amérique du Nord.

Les grandes compagnies internationales se sont formées à cette époque et les longues traversées se sont multipliées, bénéficiant de l'expérience acquise pendant la guerre, avec le développement de quadrimoteurs pouvant traverser sans problèmes les océans. Les vols sur l'Atlantique Nord se sont développés rapidement et l'axe Londres-New York va devenir très important. En 2018 c'est la plus importante liaison au départ de Londres-Heathrow.

Entre 1945 et 1960 les grandes lignes ont été mises en place, en particulier vers les villes importantes du Commonwealth comme Nicosie, Bombay, Colombo, Calcutta, Kuala Lumpur, Singapour, Hong Kong, Sydney, Auckland, Accra, Lagos, Nairobi, Salisbury, Johannesburg, le Cap.

Entre 1948 et 1949, le transport aérien fut fortement sollicité au Royaume-Uni, avec le pont aérien de Berlin qui mobilisa tous les avions de transport civils et militaires disponibles. Pour plusieurs compagnies privées, encore balbutiantes, ce fut une opportunité de gagner de l'expérience et aussi… de l'argent.

En 1952 une révolution marqua les dessertes de la BOAC avec la mise en service du quadriréacteur DH « Comet 1 », un appareil qui diminuait les temps de parcours de moitié. Malheureusement, dès 1954, l'avion fut retiré du service après plusieurs catastrophes. La compagnie vivra une période difficile avec un manque d'avions pour remplacer les DH « Comet 1».

Dans les années 1950, une activité importante pour l'aviation privée britannique fut les vols au-dessus de la Manche en transportant des voitures avec leurs passagers. Les aéroports de Lydd et Southend ont enregistré un nombre considérable de mouvements, les classant dans les premiers aéroports britanniques.

Au début des années 1960 la situation s'était stabilisée et les compagnies britanniques avaient une grande activité comme le montre le tableau ci-dessous :

Année 1960	Nb employés	Réseau en kms	Nb de passagers	Cx de chargement	Productivité par employé ton/km
British Aviation Services	1 104	20 500	574 700	72,9	28 000
British European Airways	14 409	71 700	3 865 000	66,2	25 700
British Overseas Airways Corp	21 301	124 00	740 900	56,9	37 800
British United Airways	nc	69 000	43 200	56,5	
Cambrian Airways	65	2 450	59 000	57,9	42 800
Channel Air Bridge	230	530	155 870	67	90 600
Cunard Eagle Airways	1 087	12 600	41 100	52,7	
Derby Aviation	170		104 000	56	37 650
Jersey Airlines	450	2 300	207 500	58	
Skyways			6 400	53,2	

Jusqu'en 1960, la BEA et la BOAC avaient des monopoles qui avaient été attribués par le Civil Aviation Act de 1946. Le gouvernement changea la politique aérienne avec la remise en cause du monopole de la BEA et de la BOAC. Il mit en place « l'Air Transport Licensing Board », qui joua un rôle très important dans les années 1960 ; sa mission était le développement du transport aérien britannique. Pour pouvoir assurer des vols les compagnies devaient demander une accréditation suivant les classes de licences suivantes :

Classes de licences	
A	Services réguliers vers des points définis. Six mois d'instruction
B	Services à la demande tout compris (vol+hôtel). Six mois d'instruction
C	Services à la demande d'un maximum de trois vols. 72 heures d'instruction
D	Services à la demande de plus de trois vols à tarifs non précisés. De deux à douze semaines d'instruction
E	Tous les vols entre des escales non spécifiés, pour des transporteurs répondant à des demandes à court terme. Six mois d'instruction
F	Toutes autres demandes

Pour éviter l'inflation des demandes, les licences étaient payantes.

Le 4 novembre 1963 marqua une étape importante dans les activités sur le réseau aérien britannique avec la mise en concurrence de la BEA, par l'inauguration de vols entre Londres et Glasgow ainsi que vers Edimbourg par la compagnie British Eagle, à la grande satisfaction d'Harold Bamberg, le président de celle-ci.

L'année 1965 vit la création de la B.A.A (British Airport Authority) qui regroupait les aéroports de Heathrow, Gatwick, Stansted et Prestwick et auxquels seront ajoutés Edimbourg en 1971, Glasgow en 1975 et Aberdeen en 1978.

Rôle de la « Civil Aviation Authority » depuis 1972.

Elle réglemente et contrôle l'aviation civile britannique. Elle est dirigée depuis 2009 par Andrew Haines. Ses principales missions s'étendent à :

- Validation des licences pour les 50 000 pilotes professionnels et privés.
- Le contrôle de la qualification des 12 000 mécaniciens et techniciens.
- L'accréditation des 2 350 contrôleurs aériens.
- La validation de la conformité aux réglementations des deux-cents-six compagnies aériennes.
- L'homologation des aéroports civils.
- Les autorisations de ventes de billets d'avions « ATOL Air Transport Organisation Licensing » par les agences.
- L'assurance de la qualité des neuf-cent-cinquante entreprises de production de matériels aéronautiques.
- Les autorisations de vols pour les dix-neuf-mille avions enregistrés.

La CAA fut un temps également responsable de la vérification des systèmes de navigation aérienne avec notamment des vols de calibration pour contrôler la précision des équipements. Cette mission a été privatisée.

L'année 1974 a connu le big-bang du transport aérien britannique avec la fusion entre la BEA, la BOAC, Cambrian Airways et Northeast Airlines pour former British Airways, qui resta une entreprise nationalisée. Une des raisons de la fusion était la compétition entre BEA et BOAC sur les lignes du Moyen Orient en pleine progression. Ce fut la formation d'un géant du transport aérien européen et même mondial.

L'année 1975 a été marquée par l'introduction de vols chaque heure, sans réservation, par la British Airways entre Londres et Glasgow puis Edimbourg, formule copiée sur ce qui était pratiquée par Eastern Airlines aux USA entre New-York et Boston, ainsi que Washington. Les passagers réglaient le montant du billet dans l'avion. Le départ était garanti avec des vols supplémentaires en cas d'affluence.

En janvier 1976 ce fut la mise en service par la British Airways du « Concorde » entre Londres-Heathrow et Bahreïn, puis le 24 mai entre Londres et Washington. Selon ses promoteurs, il devait révolutionner le voyage aérien en diminuant de moitié les temps de parcours. Malheureusement sa forte consommation en kérosène et le bruyant passage du mur du son rendirent son exploitation problématique, qu'une catastrophe poussa à l'arrêt des vols.

En 1986 ce fut « l'Airport Act » du gouvernement de Margaret Thatcher, qui conduisit à la privatisation des aéroports. En 1987 le gouvernement décida la privatisation de British Airways.

Celle-ci prit la même année le contrôle de son principal concurrent britannique, la British Caledonian Airways. Une nouvelle concentration eut lieu en 1992 avec la reprise de Dan Air par British Airways.

Les années 1990 ont été marquées par le début des compagnies « low-cost » avec en particulier EasyJet, qui connaitra un succès foudroyant. Les compagnies « charters » qui depuis de longues années proposaient en partenariat avec des agences de voyages des formules « tout compris » ont été conduites, avec le succès d'Internet, à revoir leur modèle en proposant comme les « low-cost » des vols « secs », que les passagers complétaient avec des réservations hôtelières de leur choix.

Tout le monde n'a pas un grand engouement pour le transport aérien et depuis les années 2000 l'association « Plane Stupid », animée par Joss Garman, combat le voyage en avion, notamment en raison des 6% d'émission de CO_2 dont l'aviation serait responsable. L'association a organisé des actions sur les aéroports de Stansted, Southampton, Aberdeen,

London-City, Manchester et Londres-Heathrow. Les principales revendications de ce mouvement :

- La fin des vols sur les courtes distances.
- Plus d'extension des aéroports.
- La diminution du nombre d'avions dans le monde.
- Une bonne transition vers des emplois pérennes pour l'industrie du transport aérien.

La progression très importante du trafic montre que le message n'a pas rencontré un grand succès chez les passagers !

En juillet 2006 la B.A.A a été reprise par Ferrovial et en 2008 les autorités de la concurrence ont imposé à Heathrow Airport Holding la vente de trois aéroports du groupe. Ce sont Gatwick, Edimbourg et Stansted qui ont été cédés.

Depuis quelques années, il y a le problème des compagnies virtuelles, qui ne possèdent pas d'avions, mais développent un marketing sur différentes lignes, vendent les billets et confient les opérations aériennes à un transporteur souvent étranger, venant d'un pays l'Europe de l'Est, où les charges salariales sont faibles. Le résultat est souvent un arrêt brutal et des passagers désemparés...

Histoire des compagnies aériennes

Les transporteurs avant la guerre 1939-1945

Etant donné les faibles capacités des avions et leur rayon d'action limité, une partie importante des liaisons furent assurées vers les diverses iles du Royaume-Uni, les iles écossaises, l'ile de Man, l'ile de Wight, les iles Scilly ainsi que les iles Anglo-normandes. Puis les lignes vers Paris et Bruxelles, ainsi que les lieux à la mode de l'époque, le Touquet et Ostende, furent ouvertes. Quelques liaisons intérieures étaient proposées pour des notables pressés et pour le courrier, notamment entre Londres, Manchester, Glasgow, Aberdeen.

Aberdeen Airways
Sa création remontait au 2 janvier 1934. Elle assura un premier vol entre Aberdeen et Glasgow en septembre 1934 avec un Short « Scion », puis des vols entre Aberdeen et les iles Orcades en 1936 avec des DH « Dragon ». En 1937 elle devint Allied Airways.

Aircraft Transport & Travel
Elle débuta en 1920 avec trois DH 18, qui transportaient huit passagers, et qui fut reprise par Instone Airlines en 1921. Elle assura en particulier quelques vols entre Londres et Paris.

Air Dispatch
Elle assurait la liaison entre Londres-Croydon et le Touquet (aérodrome de Berck) en 1935.
Air Dispatch relia ensuite Londres à Paris en 1936, en ayant à bord le 16 mai la première hôtesse de l'air britannique, Daphne Kearley, qui avait dix-neuf ans. Elle assura son service pour les seize passagers d'un Avro 642. Air Dispatch fut liée peu après avec Commercial Hire. Ses opérations prirent fin en 1940, en raison du conflit.

Allied Airways
Cette compagnie a commencé ses activités sous le nom d'Aberdeen Airways. Elle assura des vols avant la guerre et jusqu'en 1945 entre Aberdeen et Sumburg, Kirkwall et Wick. Après la guerre elle assura un vol

entre Newcastle et Stavanger. En 1947 elle fut incorporée à la British European Airways.

Avro Transport Company.
Ce fut la première compagnie aérienne du Royaume-Uni. Elle fut une création d'A.V.Roe, le fondateur du constructeur Avro en 1919. Elle assura des vols entre Manchester, Blackpool et Southport jusqu'en 1920.

Blackpool Air and West Coast Air Service
Sa création date du 13 mars 1920. Elle deviendra en 1946 Air Navigation &Trading, une entreprise de formation au pilotage.

British Air Transport
C'est une création en 1932 sur l'aérodrome de Croydon pour assurer des vols à la demande. Avec la guerre, ses activités furent suspendues. En 1946, elle reprit ses vols et assura pendant un temps des liaisons régulières vers les iles Anglo-normandes pour le transport de la presse. Elle utilisa surtout des Avro « Anson » ; elle racheta un DH 95 « Flamengo » qui lui apporta des capacités supplémentaires.
B.A.T perdit son contrat de presse et en 1951 l'activité s'arrêta.

British Airways Ltd
Cette compagnie est le résultat de plusieurs rapprochements. D'abord entre Spartan Air Services et United Airways, puis ensuite avec British Continental Airways. Elle exista de 1935 à 1939 avant d'être fusionnée avec Imperial Airways pour devenir la BOAC. En 1935, elle enregistra 19 600 voyageurs. En 1936, elle reliait Londres à Paris et à l'ile de Wight. Elle avait également une ligne qui reliait Londres à Amsterdam, Hambourg, Copenhague, Malmö, Stockholm. Elle desservait également un certain nombre de destinations dans le Nord du Royaume-Uni, Liverpool, Blackpool, Ile de Man ou Belfast. Elle utilisait des DH 86. En 1939, avant la fusion conduisant à la BOAC, son réseau s'était étendu à Budapest, Francfort, Berlin, Zurich et Varsovie. Elle utilisait en 1939 surtout des avions américains Lockheed 14, plus performants que les avions proposés par les fabricants britanniques !

British Amphibious Airways
Pendant une brève période (1932-1933) elle assura des vols entre
Blackpool et l'ile de Man avec des amphibies Saro « Cutty Sark ».

British Air Navigation Cy
En 1935, elle proposait le trimoteur « Voyager » pour ses vols vers l'ile de
Wight (en quarante minutes), vers Le Havre et Deauville (en une heure et
trente minutes), vers Le Touquet (en une heure, l'avion se posait à Berck).

British Continental Airways
Sa création remonte au 15 avril 1935 pour assurer des vols vers l'Europe
au départ de Londres-Croydon. Elle desservira d'abord Bruxelles, puis
Ostende et Anvers pour étendre ensuite son réseau à Lille et Amsterdam.
Elle utilisa entre autres trois DH 89 « Rapide », quatre DH 86.
Elle fusionna en août 1936 au sein de British Airways.

British Marine Air Navigation
Elle est formée en 1923 suite à l'association de « Supermarine » et des
chemins de fer « Southern Railways ». La compagnie assura les premières
liaisons commerciales en hydravion vers Cherbourg, Le Havre et les iles
Anglo-normandes avec des appareils Supermarine « Sea Eagle ». Elle
fusionnera en 1924 avec trois autres transporteurs pour former Imperial
Airways.

Channel Air Ferries
Cette filiale d'Olley Air Services avait ouvert une liaison entre Lands'End
et St Mary dans les iles Scilly le 15 septembre 1937, avec un DH
« Dragon ». La liaison fut reprise en 1938 par Great Western and Southern
Airlines.

Cobham Air Routes
Sir Alan Cobham fut à l'origine de la création de la compagnie pour
assurer des vols entre Londres et les iles Anglo-normandes. Alan Cobham
vendit ensuite la compagnie à Olley Air Services.

Crilly Airways

Cette compagnie fut la création de Frederick Leo Crilly. Elle effectua des vols à la demande. Le 1er février 1936 elle assura le vol postal Angleterre-Portugal, avec l'ambition de desservir Gibraltar, ce que refusa le gouvernement espagnol. Elle disposait de Fokker XII. L'activité fut suspendue en septembre 1936. La flotte d'une dizaine d'appareils fut reprise par British Airways pour sa filiale espagnole mais cela ne dura pas. Les avions furent finalement cédés aux combattants républicains espagnols.

Daimler Airways

Sa création datait de juin 1919. Elle mettra en service le DH 34 pour huit passagers entre Londres et Paris. Ensuite elle ouvrira les lignes de Manchester vers Croydon, puis au départ de cet aéroport vers Amsterdam, Hambourg, Hanovre, Berlin. Elle fusionna en 1924 au sein d'Imperial Airways.

Great Western and Southern Airlines

Cette compagnie assurait une liaison en DH 89 « Dragon Rapide » entre Liverpool et Brighton, via Manchester, Birmingham, Bristol, Southampton, Rye en 1939, ainsi qu'un vol sur les iles Scilly. Après la guerre jusqu'en 1946 elle proposa des vols entre Cardiff et Bristol.

Handley Page Transport

Création par Frederick Handley Page d'une compagnie aérienne après la première guerre mondiale, qui utilisa le HP O/400 sur la ligne Londres-Paris, puis vers Bruxelles. La compagnie fusionna en 1924 pour la formation d'Imperial Airways.

Highland Airways

Sa création date de 1933 par le capitaine E. Fresson. L'objectif était de relier Inverness puis Aberdeen à Wick, les iles Orcades et les iles Shetland. Elle fusionna en 1937 avec Northern &Scottish Airways pour former Scottish Airways.

Hillman's Airways

Création de la compagnie en 1931 par Edward Henry Hillman, un transporteur d'autocars. Hillman's Airways assura son premier vol le 25 novembre 1931, et mit en service le DH 89 en 1934 ; parmi ses dessertes il y a eu Paris. A partir du 1er décembre 1934 elle bénéficia d'un contrat pour le transport du courrier à Londres, Liverpool, Glasgow et Belfast. Elle sera intégrée à la British Airways.

Imperial Airways

Sa création remonte au 1er avril 1924, suite à une recommandation du comité Houbley pour le rapprochement de quatre compagnies qui étaient en compétition : British Marine Air Navigation, Daimler Airways, Instone Airlines, Handley Page Transport. Imperial Airways exista jusqu'en 1939 et assura de nombreux vols en Europe et vers l'Empire britannique.

Les premières liaisons furent assurées en 1924 :
Le 26 avril   Londres-Paris
Le 1er mai   Southampton-Guernesey
Le 3 mai   Londres-Bruxelles
Le 2 juin   Londres-Amsterdam

Le 12 janvier 1927, la ligne Le Caire-Bassorah a été inaugurée. A partir de 1925 le défrichage des lignes à longues distances fut entrepris par Alan Cobham, vers Le Cap avec vingt-sept escales… Puis ce sera le long vol entre l'Angleterre et Melbourne en 1926. Le 30 mars 1929 est inauguré le vol vers Karachi en sept jours. Puis des vols vers Bombay, Rangoon, Singapour furent proposés aux voyageurs intrépides. En février 1931 débuta la liaison entre l'Angleterre et l'Afrique de l'Est, notamment en utilisant le lac Victoria.

En 1937, ce fut la mise en service l'hydravion Short « Empire ». Puis à partir de mai 1939 les vols vers l'Australie sont proposés trois fois par semaine en dix jours avec neuf nuits à l'hôtel. Pour information les paquebots mettaient plus d'un mois. Pour assurer les vols vers l'Empire qui étaient très longs, Imperial Airways avait trois mille membres d'équipages répartis dans les multiples escales.

Statistiques sur l'activité d'Imperial Airways :

Année	Réseau (kms)	Nombre de passagers
1925	2 400	10 300
1930	8 500	28 500
1935	21 500	55 750
1938	36 000	62 100

Armstrong Whitworth Argosy pour les lignes Imperial Airways

Handley Page des lignes Imperial Airways

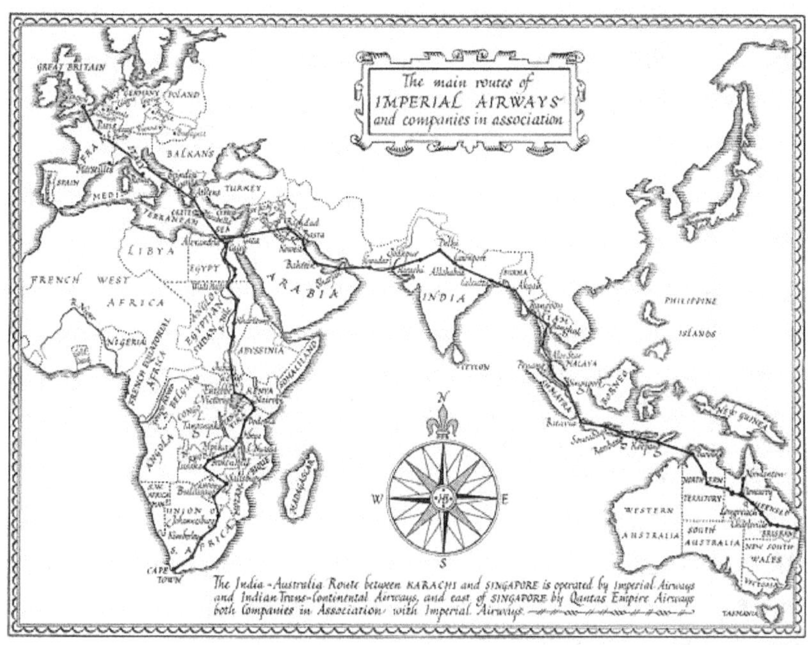

Les routes d'Imperial Airways en 1935

Instone Airlines

Sa création est due aux dirigeants de la compagnie maritime S.Instone en 1919. La première ligne fut Cardiff-Londres-Paris ; la durée du vol entre Londres et Paris était de deux heures et quinze minutes. Elle ouvrira une liaison vers Cologne en mai 1922, qui sera prolongée jusqu'à Prague en 1923.

Elle fut la première compagnie à faire porter un uniforme à ses équipages et la première à transporter un cheval. Elle utilisa initialement des DH 18, puis le Vickers « Vimy » pour dix passagers et des DH 34, également pour dix voyageurs. Elle fut intégrée à Imperial Airways en 1924.

Isle of Man Air Services

C'est en 1935 que Gordon Olley a fondé la compagnie. Les premiers vols ont eu lieu en 1937 entre Manchester, Liverpool, Blackpool et l'Ile de Man au moyen de DH 89 « Dragon ». Les opérations furent suspendues pendant le conflit mondial et reprirent après la guerre. En 1947, les activités furent intégrées à la BEA.

Midland & Scottish Air Ferries

La compagnie avait son siège à Glasgow et assura des vols entre Glasgow et Campbeltown, Belfast, Islay et Speke à partir de1934, en transportant 3 500 passagers par an. Elle utilisa l'Airspeed « A S Ferry » et l'Avro « 618 ». Son créateur John Sword, suite à la pression de ses concurrents, dû stopper ses vols.

North Eastern Airways

A partir de 1935 elle assura des vols au départ de Londres en direction d'Aberdeen, via Doncaster, Leeds, York, Newcastle, Edinburg, en transportant plus de 15 000 passagers. Elle proposait des vols très fréquents, au moins cinq fois par jour, entre Hull et Grimsby, ainsi que des liaisons sur l'axe Grimsby-Liverpool. Elle utilisa des Airspeed « Envoy » et des DH 89 « Dragon ».

En 1938, elle obtint des contrats pour le transport du courrier ; jusqu'à cette date en raison de son manque de fiabilité dans ses opérations, elle n'avait pas réussi à bénéficier de ce marché.

Toujours en 1938, elle volait depuis Londres-Croydon vers le Zoute (Knokke le Zoute en Belgique) puis de Londres vers Doncaster, Newcastle, Edinburg et Perth. Avec la guerre les opérations furent suspendues.

Northern & Scottish Airways

Elle reprit les activités de Midland & Scottish Air Ferries en 1935. Elle développa les liaisons écossaises vers Islay, Barra, Inverness, Tiree, mais aussi vers l'Irlande en particulier Belfast. La compagnie devint Scottish Airways en 1937 par sa fusion avec Highland Airways.

Olley Air Services

Elle fut fondée en 1934 par Gordon Percy Olley un pilote qui fut un as de la première guerre mondiale.

Elle assurait plusieurs liaisons au départ de Londres-Croydon en particulier vers Deauville. Sa filiale Channel Air Ferries desservait les iles Scilly au départ de Lands' End. Elle sera vendue en 1953 à Morton Air Services.

Portsmouth-Southsea-Isle of Wight Aviation

Cette compagnie a transporté près de 35 000 voyageurs en 1935 entre l'Isle de Wight et Portsmouth, ainsi que Brighton et Bournemouth.

Provincial Airways

Création le 12 octobre 1933. Elle assura en 1934/1935 des vols entre Croydon et Plymouth en faisant des escales, parfois sur demande, à Portsmouth, Southampton, Bournemouth, Newquay, Penzance ainsi qu'entre Hull et Southampton. Elle utilisait des DH 84. Ses opérations déficitaires seront arrêtées le 10 décembre 1935.

Railway Air Services

Cette compagnie était le résultat de l'initiative de quatre sociétés de chemins de fer britanniques et d'Imperial Airways en 1934. Elle assura des liaisons depuis Londres-Croydon vers Birmingham, Manchester, Liverpool, Belfast, Glasgow. En 1934 elle avait transporté 19 600 passagers. Pendant la guerre, en 1943, elle assurait des vols entre Liverpool et Belfast ainsi qu'entre cette dernière et Glasgow. Avec la création de la BEA, ses activités furent arrêtées le 31 juillet 1947. Elle utilisa initialement le DH 89 « Rapide », ensuite après la guerre elle mit en service des DC3 et des Junker 52.

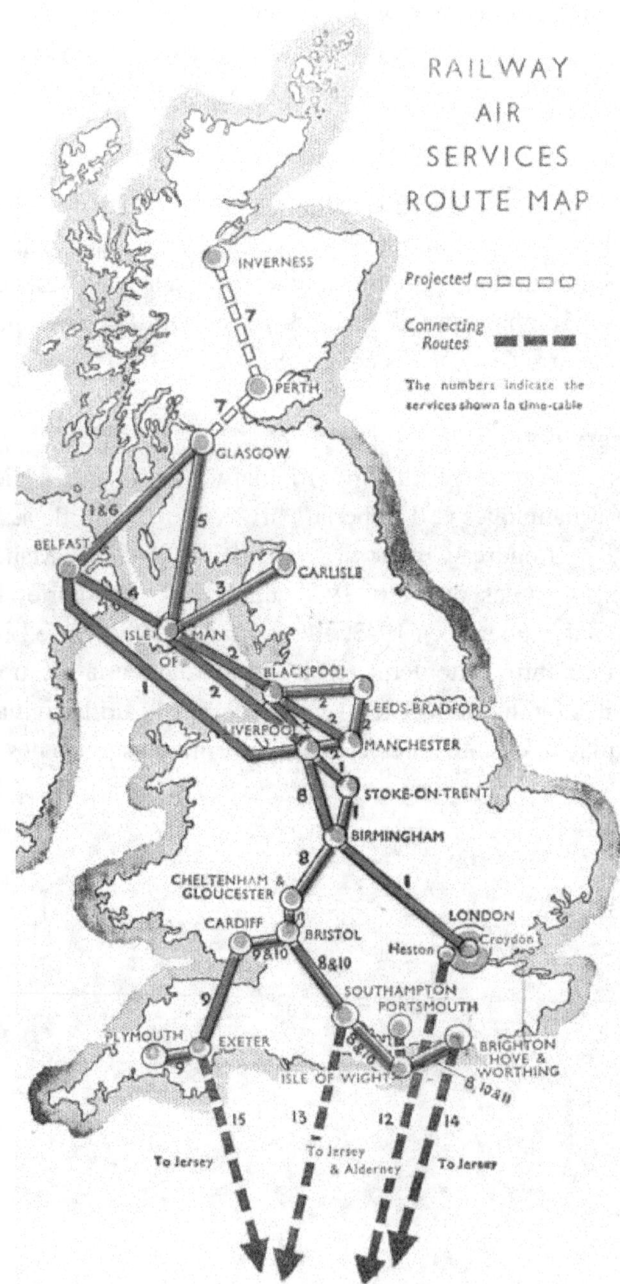

Les routes de Railway Air Services

Scottish Airways

Elle commença ses activités en 1937, suite à la fusion entre Highland Airways et Northern & Scottish Airways en reprenant les deux réseaux principalement écossais. En 1938, une coopération avec Railway Air Services, qui assurait la liaison avec Londres permit aux voyageurs écossais vivant dans les iles de se rendre plus facilement à Londres. Elle continua à desservir les iles écossaises pendant la deuxième guerre mondiale, elle volait entre Inverness, les Shetland et Stornoway, ainsi qu'entre Glasgow Campbeltown, Islay et les Hébrides. Après la guerre ses opérations furent intégrées à la BEA.

Spartan Airlines

Cette compagnie fut une création du constructeur d'avions « Spartan Aircraft » pour développer sa production. Elle reliait Londres-Heston à l'ile de Wight en 1933 deux fois par jour. Elle utilisait surtout des Spartan « Cruiser I, II et III ». Elle fusionna en septembre 1935 avec United Airways, une autre activité du groupe, pour former Allied British Airways qui deviendra rapidement British Airways.

United Airways

La compagnie a commencé ses activités en avril 1935 en assurant des vols entre Blackpool et l'ile de Man, en partenariat avec Spartan Air Services, avec laquelle elle fusionnera pour former British Airways de1936 à1939. Elle desservait également Glasgow et Carlisle au départ de Blackpool.
Elle utilisa des avions Avro « Argosy », DH 89 « Rapide » et des Spartan « Cruiser ».

West Coast Air Services

La compagnie a commencé ses opérations sous le nom de Blackpool & West Coast Services. En 1933, elle reliait ile de Man à Blackpool et Liverpool. Elle continua sous le nom de West Coast Air Services. En 1943, elle assurait des vols Liverpool-Dublin en DH 89 « Rapide ». Il était spécifié dans les horaires que les militaires étaient prioritaires.

Western Airways

Elle assura une navette Cardiff-Bristol plusieurs fois par jour entre 1935 et 1936 et toutes les heures en 1938. Environ 40 000 passagers furent

transportés. Avec des DH 84 elle volait aussi vers Bournemouth, le
Touquet et Paris.

Le monde du transport aérien britannique après la guerre 1939-1945

Après le conflit, le transport aérien a beaucoup changé avec de nouveaux avions beaucoup plus performants, plus puissants et plus sûrs avec l'expérience et les progrès techniques accomplis par les constructeurs pendant la Seconde Guerre mondiale. Les moteurs en particulier étaient beaucoup plus fiables et permettaient de traverser les océans avec des risques réduits.

L'énumération des transporteurs qui ont fonctionné sous le pavillon britannique est longue. Malgré les nationalisations et les monopoles accordés à certaines entreprises, l'initiative privée trouva de multiples moyens de développer le « business ». Une première opportunité fut le pont aérien de Berlin où, entre 1948 et 1949, tout ce qui volait au Royaume-Uni fut mobilisé pour ravitailler Berlin par air. Les compagnies privées jouèrent un rôle important et ont acquis des moyens et du savoir faire.

Dans la continuité de ce travail, les compagnies privées ont assuré de nombreux vols pour le transport des militaires vers les différentes garnisons, en particulier en Allemagne où il y avait une zone d'occupation importante, et dans de nombreuses villes du Commonwealth.

Ensuite ce fut l'époque des affrètements par les agences de voyages pour transporter les touristes britanniques vers le soleil sous la forme « inclusive tours », où les agences vendaient des prestations complètes, dont les vols. Ce fut une mine d'or pour beaucoup de transporteurs. La révolution suivante fut l'ouverture des lignes régulières aux transporteurs privés, en particulier pour les liaisons entre Londres et Belfast, Edimbourg et Glasgow qui étaient très lucratives.

Puis, les années 1990 seront marquées par l'arrivée des compagnies « low-cost ». Deux entreprises ont pris une part importante du marché britannique : l'irlandaise Ryanair qui est le principal utilisateur de l'aéroport de Londres-Stansted et EasyJet qui est présente sur de nombreux aéroports britanniques, dont Londres-Luton où la compagnie a son siège et en est le premier client.

Il y a eu une création permanente de transporteurs, ainsi que des disparitions souvent soudaines, laissant des milliers de voyageurs désemparés et des milliers de salariés sans emploi.

Dans la liste qui est proposée ci-après les compagnies dont le nom est souligné sont opérationnelles en 2018.

A B Airlines

Ce fut la première « low-cost » britannique. Sa création remonte à 1993 avec pour base l'aéroport de Londres-Stansted. Initialement, elle porta les noms d'Air Bristol et Air Belfast pour les liaisons entre Londres-Stansted Bristol et Belfast. Elle ouvrira plus tard une base à Shannon avec des vols vers Londres-Gatwick sous le nom d'AB Shannon. Elle proposera également des liaisons vers Lisbonne et Berlin-Schönefeld. Elle était dotée initialement de BAC 111 qui ont été remplacés par quatre Boeing737-300. Dirigée par Brian Beal, elle arrêta ses activités en 1999.

African Air Safaris

Cette compagnie fut créée en 1952, sous le nom de Meredith Air Transport et utilisait un unique DC3. En 1954 le nom changea pour African Safaris Airways, un HP « Hermes » fut acquis en 1956 ainsi que deux Vickers « Viking ». En 1959 la compagnie s'implanta sur l'aéroport de Londres-Gatwick puis racheta Don Everall Aviation. Elle avait dans ses programmes des vols vers la Scandinavie et la Méditerranée sous la forme de la formule « tout compris avion + hôtel ». Le 2 novembre 1961 les opérations sont suspendues, laissant deux cents employés au chômage.
La flotte en service comprenait cinq HP « Hermes » et huit Vickers « Viking »

Air 2000

Création le 11 avril 1987 par Owners Abroad Group avec deux Boeing 757, puis rapidement quatre pour assurer des vols charters. Une filiale au Canada sera ouverte mais sans grand succès sous le nom de Canada 2000. En 1988-1989 des vols long-courriers seront assurés en particulier vers Mombasa. Les premières lignes régulières seront ouvertes en 1992 vers la Grèce. En 1998 ce sera la reprise de Leisure International Airways. Air 2000 deviendra First Choice Airways en mai 2004.

Airbus 321-211 de la compagnie Air2000, devenu First Choice

Air Anglia

Elle a été le résultat de la fusion le 1er août 1970 de trois transporteurs, Anglian Air Charter, Norfolk Airways et Rig Air avec le soutien de l'assureur Norwich Union. Elle assurait des vols au départ de Norwich vers Aberdeen, Birmingham, Edimbourg, Humberside, Jersey ainsi que Bergen, Amsterdam et Stavanger. En 1976 cinq Fokker F27 assuraient les vols. En 1979 son réseau s'était agrandi avec au départ d'Amsterdam des vols vers Aberdeen, Edimbourg, Humberside, Leeds. Depuis Paris vers Newcastle, Edimbourg et Leeds. Elle disposait de deux Fokker F28, dix Fokker F27, six Piper Navajo. En 1980, elle est fusionnée avec Air Westward, Air Wales et BIA (British Island Airways) pour créer Air UK.

Fokker F27 de la Air UK (précédemment Air Anglia)

Air Atlantique

Création en 1969 sous le nom de General Aviation à Jersey ; elle deviendra Air Atlantique au début de 1977 avec pour base Coventry. Son objectif était d'assurer des vols cargos en Europe, au Moyen Orient. Initialement elle avait trois DC3. Elle utilisera aussi des DC6, ayant la réputation de privilégier les avions de légende dans son exploitation. Elle aura quelques ATR 42/72 pour ses lignes régulières entre 1990 et 1994. Sa filiale Atlantic Airlines sera reprise par ses cadres.

Air Bridge Carriers

Création en 1972 comme filiale de Field Aircraft Services, un spécialiste de l'engineering. Elle assurait des vols à la demande pour le fret avec trois AW « Argosy » et un Vickers « Viscount ». Sa base était l'aéroport East Midlands. En 1979, sa flotte comprenait trois AW Argosy 100, un Vickers Vanguard « Merchantman » acquis auprès de la BEA, un Lockheed « Electra » et quatre HP « Herald ». En 1922 elle changea de nom et devint Hunting Air Cargo.

Air Camelot

Ce transporteur eut une existence éphémère et devait sa création à Tony Tucker et Avon Aviation. Air Camelot de 1985 à 1986 assura des vols avec un BN « Trislander » entre Alderney, Cherbourg, Bristol, Bournemouth et Exeter.

Air Charter

Création en 1947 par le groupe Aviation Traders spécialisé dans la maintenance. La compagnie était dirigée en 1955 par Freddy Laker. Ses activités ont été variées. Des liaisons régulières au-dessus de la Manche entre Southend et Calais, Ostende et Rotterdam avec des Bristol 170. Des transports de troupes pour le ministère de la Défense, principalement vers l'Allemagne, ainsi que Chypre. Elle utilisait en 1955 cinq Bristol 170, trois DC4, quatre Avro « York » et cinq « Tudor ».

En 1958, Airwork a acquis une partie majoritaire du capital. En dehors des liaisons transmanche l'activité était toujours des transports militaires pour le ministère de la Défense vers Chypre. Des vols à la demande étaient aussi assurés.

En 1958 La flotte avait évolué avec quatre Vickers « Viscount », quatre HP « Hermes », cinq Vickers « Viking » et dix-neuf DC3. Elle fut intégrée à British United Airways le 1er juillet 1960.

Avro 689 Tudor d'Air Charter

Air Courriers
Elle assurait des vols à la demande avec trois DH « Rapides », deux Miles « Gemini » et un « Oxford » à la fin des années 1950 depuis l'aéroport de Croydon.

Air Ecosse
Création en 1977 pour assurer des vols locaux en Ecosse. Pendant dix ans elle assura les liaisons vers vingt-cinq aéroports en utilisant des BN « Islander », des Twin Otter, des HP Herald ainsi que des Short 330. En novembre 1990 elle devint Aberdeen Airways.

Air Europe
En 1978, le lancement de la compagnie se fit sous le nom Inter European Airways ; elle rassemblait des moyens importants avec des ambitions fortes dans le domaine de la qualité de service, en particulier pour les passagers « affaires » selon son promoteur, le groupe ILG « International Leisure ». Initialement, elle disposait de trois Boeing 737-200 et profitant de l'ouverture du marché européen. Air Europe a ainsi ouvert des liaisons

depuis Londres-Gatwick vers Bruxelles, Copenhague, Düsseldorf, Genève, Gibraltar, Malaga, Malte, Munich, Oslo, Paris et Rome.

En 1986, Air Europe fit une tentative de rachat de la British Caledonian Airways, mais sans succès. Ensuite, en juin 1988, elle fut reprise par Connectair, un petit transporteur basé à Londres-Gatwick où il disposait de créneaux horaires intéressants. La compagnie fut renommée Air Europe Express et desservait Anvers, Rotterdam et Düsseldorf avec des Short 330 puis 360. Des vols transatlantiques furent également assurés avec des Boeing 757 et un MD11.

Les taux d'intérêts élevés qui étaient en vigueur furent une des causes qui amena la chute d'Air Europe le 8 mars 1991. Sa flotte comporta jusqu'à vingt-neuf appareils (Boeing 737/757).

Air Faisal

Création en 1975 sur l'aéroport de Londres–Luton pour assurer des vols cargos à la demande au départ de Dubaï avec deux Bristol « Britannia ».

Elle cessa ses activités en septembre 1978 après l'arrestation de son dirigeant Umjal Patel !

Air Ferry

La compagnie avait débuté ses opérations aériennes le 1er avril 1963 au départ de l'aéroport de Manston. Elle avait pour projet de développer des vols à la demande ainsi que des lignes régulières comme Manston-Le Touquet et Manston-Ostende ainsi qu'à destination de Vérone. Sa flotte comportait trois DC4 et deux Viking. Les activités se terminèrent en1968.

Air Holding.

Groupement financier qui fut créé le 3 novembre 1961 pour prendre en charge les intérêts du groupe BUA (British United Airways). Air Holdings regroupait British United Airways, British United Air Ferries, British United Airways CI, Morton Air Services, Straits Air Freight Express et Airwork International.

Air Kent

Projet de compagnie au départ de Manston en 1979 pour desservir l'Est du Kent vers Bruxelles et Rotterdam.

Air Kilroe

Créée en 1995, la compagnie avait eu une activité précédemment avec une liaison régulière entre Cardiff et Manchester en 1994. Elle utilisa deux HP « Jetstream 31 » et sera reprise par des investisseurs qui prendront le nom d'Eastern Airways en 1999.

Air Kruise

Création en 1946, aussi connue sous le nom de Trans Channel Airways. Elle est devenue membre du groupe British Aviation Service au début des années 1950. Son activité était centrée sur le transport de groupes. En 1955, elle transportait 37 000 passagers avec quatre DC3. Elle a été intégrée à Silver City Airways en 1956.

Air Links

Création en 1959 pour assurer des vols à la demande. Elle utilisait en 1961 deux DC3. En 1963, elle disposait de deux HP « Hermes ».

Air Navigation &Trading

Création en 1946 pour assurer des opérations de travail aérien ainsi que des vols à la demande. Sa base était Blackpool. Elle utilisait deux HP « Marathon », un Hunting « Pembroke », trois DH « Dragon Rapide », deux « Drover » (version australienne du DH « Dove » avec trois moteurs).

Air Safaris

Création le 1er mai 1960 par une fusion avec la compagnie Don Everall en mettant en ligne neuf Vickers « Viking » et cinq HP « Hermes ». En octobre 1961 les opérations furent suspendues.

Air Sarnia

Cette compagnie est apparue sur le marché en 1985 pour assurer des vols charters depuis Alderney, surtout vers Guernesey et Bembridge (ile de Wight). A partir de 1989, elle proposa des vols réguliers depuis Alderney, Bournemouth, Southampton, Cherbourg, Dinard avec des BN « Trislander ». Elle cessa ses opérations fin 1990.

Air Southwest

Création en 2003 pour compenser le retrait de la British Airways des lignes vers le Sud Ouest de l'Angleterre. Elle lancera un premier vol Plymouth-Newquay-Londres Gatwick. Puis Air Southwest desservira Jersey, Bristol, Norwich, Manchester. Au total douze escales.

La flotte utilisée comprendra cinq Bombardier « Dash 8 ». La compagnie sera reprise en septembre 2010 par Eastern Airways. Les opérations se poursuivront quelques temps mais seront arrêtées le 30 septembre 2011, ce qui aura pour conséquence principale la fermeture de l'aéroport de Plymouth le 23 décembre 2011.

<u>Air Tanker</u>

Cette compagnie charter est d'un genre un peu particulier. Elle dispose pour des vols à la demande ou pour des locations de moyenne durée d'Airbus 330 de la RAF, servant à la base au ravitaillement en vol des chasseurs de combat, quand les appareils ne sont pas utilisés pour des missions militaires.

Le premier vol a eu lieu en janvier 2015 et Air Tanker a loué des avions à Thomas Cook Airlines notamment. Elle assure deux fois par semaine la liaison entre Brize Norton, un aéroport militaire proche de Londres et les iles malouines.

Air UK

En 1980 la fusion des compagnies Air Anglia, Air Wales et Air Westward donna naissance à Air UK. En 1986, les vols reliaient avec des Fokker F27 Londres-Heathrow à Guernesey et Norwich. Londres-Stansted à Amsterdam , Bruxelles, Francfort, Leeds et Paris. Amsterdam était également reliée à Norwich, Humberside, Leeds, Londres-Heathrow et Teeside.

En 1997, de nombreux vols étaient assurés par AirUK depuis Amsterdam vers le Royaume-Uni, Aberdeen, Belfast, Bristol, Cardiff, Edimbourg, Glasgow, Humberside, Inverness, Leeds, les aéroports de Londres-City-Heathrow-Gatwick-Stansted, Manchester, Newcastle Norwich et Southampton.

Air UK Leisure

En 1987, Air UK avait annoncé la formation d'une compagnie charter avec pour base Londres-Stansted et comme moyens deux Boeing 737-200. Après un petit développement la compagnie fut cédée en 1996 au « tour operator » Unijet qui rebaptisa la compagnie Leisure International Airways avec Londres-Gatwick pour base principale.

B737 de la AirUK Leisure

Air Ulster

Création en décembre 1967 avec un DC3 récupéré dans le naufrage d'Emerald Airways. Elle a assuré une liaison entre Londonderry et Glasgow ainsi qu'entre Glasgow-Prestwick et Belfast. Par ailleurs, elle a effectué des vols charters avec sa flotte de trois DC3. Elle mettra brièvement un Vickers « Viscount » en service avant l'arrêt des vols en janvier 1970.

Airviews

Création en 1949, au départ de Manchester, pour assurer des vols vers Newquay, l'ile de Wight, ou encore Newcastle. Un DH « Dove » et deux DH 89 « Rapides » étaient utilisés.

Air Wales

Création en 1997 avec un début des opérations en 2000, qui se maintiendront jusqu'en 2006. Elle utilisa des Dornier 228, qui seront remplacés par cinq ATR 42. La compagnie desservait treize escales notamment Cardiff, Exeter, Swansea, Belfast, Glasgow, et Jersey.

Air Wales-Cyrus

Création en août 1977 avec pour base l'aéroport de Cardiff. Les premières liaisons ont été ouvertes depuis Cardiff et Chester vers Cherbourg et Brest. En 1978, les escales de Bruxelles, Bordeaux et Dinard ont été ajoutées. Sa flotte comprenait deux Embraer « Bandeirante ». Le 6 avril 1979 les opérations ont été suspendues. Une fusion avec Air Anglia a donné Air UK.

Air Westward

La compagnie avait commencé ses activités en septembre 1977 avec des vols au départ d'Exeter vers Glasgow, Amsterdam, Londres-Gatwick et Paris qui ont cessé en mars 1979. Il y aura un transfert des activités vers British Island Airways et Air Anglia.

Airworld

Cette compagnie charter était intégrée à l'agence de voyages Thomas Cook Group. Elle fut lancée en 1994 et assura des vols au départ de Londres-Gatwick avec sept Airbus 320/321. Elle fusionna avec Flying Colors Airlines en 1998.

Airwork

Son origine remonte à 1928, ce qui en fait une des plus anciennes compagnies aériennes du Royaume-Uni. En 1952, elle a débuté le « Colonial Coach Service » vers le Kenya et l'Afrique de l'Ouest, puis l'Afrique Centrale en partenariat avec Hunting Clan. En 1954, le vol vers le Ghana partait de Londres-Blackbushe faisait escale à Bordeaux, s'arrêtait pour la nuit à Tanger puis continuait le lendemain vers Agadir, Villa Cisneros pour un deuxième arrêt de nuit à Dakar. Enfin le Viking repartait pour Bathurst, Freetown, Abidjan et Accra. Un long voyage…
A la fin de 1954 ses moyens comprenaient quatre HP « Hermès », huit Vickers « Viking », trois DC3. En 1955, elle a débuté des vols cargos vers

l'Amérique du Nord. En 1959, la situation avait évolué car Airwork assurait tous les vols pour le groupe en particulier Channel Air Bridge, avec deux Bristol « Britannia », cinq Vickers « Viscount », trois DC4, huit Bristol 170, deux DH « Heron » et six DH « Dove ». Elle devint British United Airways le 1er juillet 1960 après la fusion avec Hunting Clan.

Alderney Air Ferries
Création en 1979 et arrêt des opérations en 1983. Elle utilisa deux BN2 « Islander » pour des vols dans les iles Anglo-normandes.

Alidair
Formation de la compagnie en 1972 pour effectuer des vols à la demande. En 1974, une ligne régulière fut ouverte entre East Midlands et Copenhague. En 1975, elle disposait de neuf Vickers « Viscount ». Avec la crise, la flotte fut réduite à six Vickers « Viscount », les lignes régulières arrêtées et l'activité recentrée sur des vols au bénéfice de l'industrie pétrolière avec départ d'Aberdeen. Les activités sont arrêtées en 1982.

All Cargo Airlines
Création en 1976 comme filiale de « UK cargo agency », son objectif étant d'effectuer des vols cargos au départ de Manston vers l'Europe, l'Afrique, le Moyen-Orient. Elle disposait d'un Bristol « Britannia ».

Ambassador Airways
Cette compagnie était une création du Best Travel Group pour assurer des vols vers les escales de la Méditerranée. Ses moyens étaient composés de deux Boeing 757. Le premier vol eut lieu 1er mai 1993. Les opérations furent arrêtées le 28 novembre 1994 après le naufrage de Best Travel.

Aquila Airways
Membre du groupe British Aviation Service, elle fut créée après la guerre avec un réseau de lignes desservies avec des hydravions, surtout « Solent » au départ de Southampton. En 1955, Lisbonne, Madère, Las Palmas, Gènes, Marseille, Capri étaient les escales figurant dans les horaires. Les opérations ont cessé le 30 septembre 1958.

Astraeus Airlines

Cette compagnie charter est créée en 2002. Les dirigeants changèrent de modèle d'activité en proposant leurs moyens aériens à différents transporteurs pour assurer des vols pour leur compte. Elle cessa ses activités le 21 novembre 2011. A cette date elle comptait un Airbus 320, trois Boeing 737 et cinq Boeing 757.

Atlantic Airlines

Création en 1994 par le groupe Air Atlantique pour développer le trafic fret. Atlantic Airlines fut le nom retenu en 2001. En 2006, la compagnie a choisi le BAE « ATP » en cargo. D'abord cinq exemplaires, puis onze et en utilisa jusqu'à dix-sept.

En 2009, la compagnie sera rapprochée de West Air Sweden et dans le même temps abandonna sa base de Coventry pour l'aéroport d'East Midlands. Deux compagnies existent: West Atlantic U K Ltd et West Atlantic Sweden. La compagnie britannique utilise dix sept Boeing 737 cargos. Son réseau dessert de très nombreuses villes en Europe.

Lockheed Electra de l'Atlantic Airlines

Aurigny Air Services

Elle est créée sous le nom de Glos Air en 1964; et deviendra Aurigny Air Services en 1968. En 1971, elle mettra en service entre les iles le BN « Trislander », dont elle sera le plus important exploitant. En 1978, elle assurait près de vingt vols par jour entre Jersey et Guernesey et de nombreux vols Guernesey-Alderney et Alderney-Southampton. Des vols étaient proposés entre Cherbourg et Guernesey. En 1986, en plus de ces vols, des liaisons sur Dinard étaient assurées. En 2018, Aurigny dessert douze destinations, Guernesey son siège, Jersey, Alderney, Southampton, Bristol, Leeds, Manchester, Norwich, Londres-Gatwick et Stansted, ou encore Dinard. Elle a en service neuf avions, quatre ATR, quatre Dornier 228 et un Embraer 195.

Autair Luton.

Création en 1957 sous le nom d'Argus Air Transport, elle devint filiale d'Autair Helicopters et commença des vols à la demande avec trois DC3 en 1960 au départ de l'aéroport de Londres-Luton. Son développement régulier la conduisit à mettre en service des Vickers « Viking », puis en 1963 des Airspeed « Ambassador » et un HP « Herald », en particulier sur sa première ligne régulière Luton-Blackpool prolongé ensuite vers Glasgow. En 1965, elle est rachetée par la compagnie maritime Court Line. En 1968, elle mettra en service des jets BAC 111. Le 1er avril 1969, elle posera ses avions à Londres-Heathrow pour sa liaison vers Teeside. A l'été 1969, la dizaine de lignes régulières a été supprimées et l'activité fut axée uniquement sur les vols vacances, spécialement avec l'agence Clarksons qui représentait 40% de son activité. Le 1er janvier 1970 elle deviendra Court Line Aviation.

Bamberg International Sky Karriers

Cette compagnie était un projet en 1979 d'Harold Bamberg, le fondateur d'Eagle Airways. Avec deux Boeing 707-320C. Elle devait assurer des vols charters cargos.

Baylee Air charter

Création en 1971 par AW Baylee à Jersey d'une compagnie pour effectuer des vols à la demande. Les principales escales étaient Jersey, Guernesey, Exeter et Aberdeen. Elle disposait d'un DHC « Twin Otter », deux Beech « Queen Air ». La compagnie a été mise en liquidation en juin 1978.

Birmingham European Airways

En 1992, les vols proposés aux passagers avaient pour base Birmingham avec comme destinations Copenhague, Cork, Genève, Milan, Newcastle,

Stuttgart, Amsterdam, Belfast. Elle fusionna en 1992 avec Brymon Airways qui deviendra Brymon European Airways. Elle utilisait des BAC 111.

BKS

Création par Barnby, Keegan et Stevens, ce qui explique le nom. En 1955, BKS desservait quelques lignes au départ de Newcastle, les iles Anglo-normandes, Paris, Düsseldorf, en utilisant cinq DC3 et trois Vickers « Viking ». En 1957, le réseau s'était agrandi à Dublin, Bergen, Bâle, Lyon, Porto et Santander. Un service entre Southend et Lille était aussi proposé. La flotte comprenait : quatre DC3 et trois Airspeed « Elizabethan ».

En 1960, elle assurait un certain nombre de liaisons en Grande-Bretagne et vers l'Europe ainsi qu'une liaison « voitures plus passagers » entre Liverpool et Dublin. Deux Vickers « Viscount » furent ajoutés en 1961. En octobre 1962, BKS introduisit l'avion Avro 748 sur sa ligne Londres-Leeds ce qui fit progresser le trafic de 94% en trois mois ! Au milieu des années1960, Londres-Heathrow devint une base importante avec des vols vers Newcastle, Leeds, Teeside, Bordeaux, Biarritz et Bilbao. En 1967, le contrôle de la compagnie ainsi que celui de Cambrian Airways, fut pris par British Air Services qui dépendait à 70% de la BEA (British European Airways). En 1969, des jets furent mis en service sur Newcastle avec deux HS « Trident ». En 1970, BKS devint Northeast Airlines puis, en 1973, elle fut intégrée à l'ensemble British Airways et en 1976 toutes les opérations furent assurées au sein du groupe.

Black Isle Air Service

Création en 1961de ce transporteur pour assurer des vols à la demande au départ d'Inverness avec des appareils légers.

Blue Islands

Sa création remonte à 1999 comme transporteur de produits frais entre Bournemouth et Alderney, sous le nom de Lecocq Aviation avec pour base Guernesey. Elle deviendra Rock Shopper en août 2003 puis Blue Islands le 14 février 2006. Elle dessert depuis Jersey et Guernesey, Bristol, Cardiff, London-City et Zurich. Elle a utilisé des HP « Jetstream 31 » et des BN « Trislander ». En 2018 elle dispose de cinq ATR.

Bournemouth Air Taxi

Création le 8 novembre 1961. La compagnie assurait la liaison entre Bournemouth et l'ile de Wight avec un DH « Dragon Rapide ».

Brighton City Airways

C'était une compagnie virtuelle, formée en 2012. Le 6 mars 2013, elle lança une liaison entre Pontoise et Brighton au moyen d'un L410 affrété auprès de Van Europe, une compagnie tchèque. La liaison fut suspendue le 6 mai ! Une des raisons de l'échec était le manque de douaniers à Pontoise, qui obligeait l'appareil à faire escale au Touquet ou à Rouen pour les opérations administratives...

Britannia Airways

Elle a démarré sous le nom d'Euravia en 1961. Le 16 août 1964 le nom de Britannia Airways fut retenu. Ses bases principales vont devenir Londres-Gatwick, Londres-Luton et Manchester.

En 1965, elle était devenue une filiale de Thomson Organisation. Entre 1971 et 1973, elle avait utilisé deux Boeing 707 pour des vols vers l'Amérique du Nord. Elle était la plus grande compagnie charter du Royaume Uni en 1972. En 1976, elle avait une flotte comprenant treize Boeing 737 puis dix sept en 1978. En 1979, elle desservait cinquante destinations étrangères depuis vingt aéroports du Royaume-Uni avec vingt et un Boeing 737.

Dans les années 1990, elle a connu un fort développement en particulier des vols lointains vers le USA, l'Asie, l'Afrique du Sud, le Canada.

En 1997, ce sera la création d'une filiale en Allemagne, Britannia GmbH. Ensuite le groupe fut repris par Preussag et deviendra en septembre 2004 Thomsonfly. Elle mettait en ligne à ce moment là une flotte importante comprenant dix-sept Boeing 737, dix-huit Boeing 757 et douze Boeing 767. Enfin, il y a eu le rapprochement avec First Choice Airways qui donna Thomson Airways.

Britavia

Création en 1946 pour assurer le transport de troupes et les vols charters. Au début des années 1950, elle assurait ses vols avec six « Hermès ». Elle sera un des composants de British Aviation Service qui avait été à la création de Silver City Airways le 25 novembre 1946 avec les premiers vols le 3 juillet 1948 au-dessus de la Manche.

British Air Ferries

Création en 1963 par la fusion de Channel Air Bridge et de Silver City Airways. Elle a porté le nom de British United Air Ferries jusqu'en 1967. En 1971, la compagnie fut reprise à Air Holdings par Transmeridian Air Cargo du groupe Keegan. Elle assurait de nombreux vols au-dessus de la Manche. En 1976, elle exploitait une flotte de cinq « Carvair », trois DH « Herald ». Celle-ci avait évolué avec seulement deux « Carvair » et seize HP « Herald » en 1978. Cette année fut celle de l'accord pour transférer ses lignes régulières à British Island Airways à partir du 1er janvier 1979. British Air Ferries à cette date concentra son activité sur les vols charters de passagers et de cargos, ainsi que la location d'avions et la maintenance.

British Airtours

Création en 1969 sous le nom de BEA Airtours. Avec la fusion créant British Airways elle deviendra une filiale. En 1988, après la privatisation et la reprise de British Caledonian, British Airtours sera rebaptisée Caledonian Airways 88, avant de fusionner avec Flying Colors Airlines en 1989 pour former JMC Airlines.

British Airways

Elle débute le 1er avril 1974, suite à la fusion décidée par le gouvernement en septembre 1973 entre BOAC, BEA, BEA Helicopters, BEA Airtours, Northeast Airlines et Cambrian Airways.
La compagnie était organisée en sept divisions :
- Europe Division : ancien réseau de la BEA.
- Overseas Division : anciennes activités de la BOAC.
- Regional Division : exploitation des lignes de Northeast et Cambrian.
- British Airways Helicopters : activités de charter, principalement au départ d'Aberdeen en liaison avec les activités pétrolifères en mer du Nord et une ligne régulière entre Penzance et les iles Scilly.

- British Airways associated companies : gestion des intérêts dans un certain nombre de compagnies comme Air Mauritius, Air Pacific, Cathay Pacific, Cyprus Airways et Turkish Airlines.
- British Airways Engine Overhaul : responsable de la maintenance de la flotte.
- International Air Radio : fournisseur de services techniques

En 1975 elle employait 54 800 personnes et mettait en ligne deux-cent-quinze avions et hélicoptères. Le président était sir Franck McFadzean. La compagnie a innové en 1975 en lançant les vols « Shuttle » entre Londres et Glasgow et en 1976 entre Londres et Edimbourg, puis Belfast. Copiés sur le modèle américain d'Eastern Airlines, ces vols étaient sans réservation à des prix très compétitifs.

En janvier 1976, elle commença l'exploitation du Concorde. En 1979, l'avion supersonique reliait Londres à Washington, New York, Bahreïn, Singapour (avec Singapore Airlines) et Dallas (avec Braniff). En 1979, le réseau de British Airways desservait cent-quarante-neuf villes, dans soixante-dix- huit pays.

En 1992 elle a repris pour une livre la compagnie Dan Air basée à Londres-Gatwick.

En septembre 1998 l'alliance « One World » fut constituée par British Airways, American Airlines, Qantas, Cathay Pacific Airways ; d'autres transporteurs se joindront plus tard à ce groupement.

L'année 2008 est marquée par l'annonce d'Openskies qui devait proposer des vols transatlantiques en classe « affaires » à des tarifs intéressants. Avec le temps seuls les vols au départ de Paris se sont maintenus. Cette même année, British Airways annonça le rapprochement avec Iberia qui sera confirmé en 2011 et en septembre ce fut le rachat de BMI à la Luthansa ; cette compagnie était déficitaire mais avait un trésor avec de nombreux créneaux horaires à Londres-Heathrow.

Statistiques :

Année	Nb de passagers	Nb d'employés
2008	34 600 000	41 745
2010	31 800 000	41 473
2012	37 600 000	35 778
2015	43 300 000	39 309

Flotte en mars 2018:

Un Airbus 318, quarante et un Airbus 319, soixante-sept Airbus 320, dix-huit Airbus 321, douze Airbus 380, trente-six Boeing 747, sept Boeing 767, cinquante-huit Boeing 777, vingt-six Boeing 787 et environ soixante dix avions en commande. Ces moyens lui permettent de desservir plus de cent-quatre-vingt destinations.

Boeing 747 de la British Airways

A380 de la British Airways

British Aviation Services

Ce groupe était contrôlé par la compagnie maritime P&O, et regroupait en 1955 les compagnies Silver City Airways, Aquila, Britavia, Air Kruise, Flighhtways ainsi que l'aéroport de Lydd. Le groupement s'était agrandi en 1958 en ajoutant Manx Airlines, Lancashire Aircraft Corporation, Dragon Airways. La flotte comportait quarante-deux avions.

En 1960 la principale activité était les vols au-dessus de la Manche entre Lydd et Le Touquet, Calais, Ostende ainsi qu'entre Bournemouth, Cherbourg et Deauville. Des vols étaient effectués entre Newcastle et Amsterdam ainsi que vers Düsseldorf. Par ailleurs, Glasgow et Edimbourg étaient reliées à l'ile de Man. La liaison Paris-Londres était assurée en train plus avion via le Touquet. La flotte se composait de vingt Bristol 170, onze DC3, quatre HP « Hermes ».

En janvier 1962, Air Holdings avait acquis la totalité du capital en échange de 20% de ses actions. La conséquence fut que les activités de Silver City avaient été partagées entre British United Airways CI et British United Air Ferries.

British Caledonian Airways

Création en novembre 1970 par la prise de contrôle de la British United Airways BUA par Caledonian Airways, avec le soutien de nombreux partenaires financiers comme Norwich Union et Midland Bank. La compagnie desservait l'Amérique du Sud depuis le retrait de la BOAC en 1964, l'Afrique centrale Nairobi, Kampala, Lusaka, ainsi que Kano, Accra, Lagos. Et en Europe Amsterdam, Gènes, Malaga, Gibraltar notamment. La base était Londres-Gatwick.

En 1975 Kinshasa fut ajoutée au réseau africain pendant une courte période. Sur le plan des opérations elle mettait en ligne deux DC10-30, neuf Boeing 707, seize BAC 111.

En 1976, suite à un avis du gouvernement, BCAL a été confirmée dans ses droits et a pris en compte toute l'Amérique du Sud, à l'exception de la Guyane Britannique. Elle a également reçu des autorisations pour desservir Houston et Atlanta. En échange, elle abandonna l'Afrique de l'Est et les iles Seychelles. BIA assurait les vols locaux dans les iles britanniques. Elle avait trois lignes tout-cargo vers l'Afrique en 1979. En 1986 elle mettait en ligne deux Boeing 747, dix DC10-30, trois Airbus 310, treize BAC 111.

Elle avait passé commande pour dix Airbus 320. Elle fusionna avec la British Airways en 1987.

DC10 de la British Caledonian

B747-230 de la British Caledonian

British Cargo Airlines

La compagnie résulta de la fusion des compagnies IAS Cargo et Trans Meridian Airways en 1979. Elle exploitait une flotte de six DC8 depuis sa base de Gatwick. Elle cessa les opérations en 1980.

British City Flyer Express

Après avoir cédé BA Connect à Flybe en 2007, la British Airways avait conservé une dizaine d'Avro 100 et a repris le nom d'une filiale intégrée dans BA, Cityflyer, pour relancer les vols au départ de cinq bases, London-City, London-Stansted, Birmingham, Bristol et Manchester avec des vols vers de nombreuses villes en Europe. En 2016, avec une flotte d'une vingtaine d'Embraer, elle a transporté deux millions de passagers.

British Commonwealth & Pacific Airways

La B.C.P.A (British Commonwealth Pacific Airways) avait la charge à partir de 1948 des lignes du Pacifique. Cette création était importante pour le Royaume-Uni. Pendant la durée de la guerre, les liaisons aériennes entre Londres et Sydney n'étaient pas réalisables en raison de l'impossibilité de se ravitailler en carburant dans le Sud-Est asiatique, qui était sous occupation japonaise. L'idée était de pouvoir relier le Royaume-Uni à l'Australie, via le Canada et les iles du Pacifique. D'abord avec des DC-4, qui avaient des problèmes de rayon d'action entre Hawaï et San Francisco, puis avec des DC-6. La liaison entre l'Australie et la Nouvelle Zélande vers le Canada fut ainsi mise en œuvre. La BCPA fut intégrée à la compagnie australienne Qantas en 1954.

British Eagle International Airlines

Après l'accord entre Cunard et BOAC pour l'exploitation des vols transatlantiques et aux Bermudes et Nassau en 1962, les activités européennes ont été récupérées par Harold Bamberg et ses associés sous le nom de British Eagle.

La flotte comportait en 1962: quatre Bristol « Britannia », trois Douglas « DC 6 », deux Vickers « Viscount ». Le 31 décembre 1963 Starways fut reprise par British Eagle International Airlines Le 6 novembre 1968 marqua l'arrêt brutal de l'exploitation en raison de gros problèmes financiers.

British European Airways (BEA)

Création en août 1946 suite au « Civil Aviation Act ». La mission était d'assurer tous les vols intérieurs britanniques et à destination de l'Europe. Elle fut la première compagnie au monde à mettre en service des avions à turbine (Vickers « Viscount ») en 1953. En 1954 la compagnie mettait en ligne : vingt-cinq Vickers « Viscount », dix-neuf Airspeed « Elizabethan », quarante-six DC3, six DH 89 « Rapide ». En 1955, elle avait transporté 1 874 000 passagers avec une flotte de cent-cinq avions.

Cette même année BEA proposait aux passagers au départ de London-Heathrow un vol en hélicoptère vers Waterloo London South Bank Site. Son président était Lord Douglas of Kirtleside.

En 1958 la BEA mettait en ligne soixante et un Vickers « Viscount » et quarante-cinq DC3 sur un réseau national et européen incluant Berlin, Belgrade, Prague, Moscou, Malte, Chypre, Tel-Aviv, Ankara et Istanbul. En 1960, la BEA avait quatre-vingt-deux destinations internationales en plus d'un réseau britannique dense. L'ensemble était desservi par une flotte comportant six DH « Comet4B », soixante-deux Vickers « Viscount », vingt et un DC3. En 1961 onze Vickers « Vanguard » avaient rejoint les moyens de la compagnie. En 1962 fut mis en service pour le fret, l'avion britannique Armstrong Whitworth « Argosy». A cette époque la BEA possédait des participations dans le capital d'un certain nombre de compagnies : Aer Lingus Teorantora (2,8%), Cambrian Airways (33 %), Cyprus Airways (22,7 %) , Gibraltar Airways (49%) et Malta Airways (34%).

Le 10 juin 1965 la BEA fut la première à mettre en service le triréacteur HS 121 « Trident ». La BEA a été incorporée à British Airways le 1er avril 1974.

Année	Nombre de passagers
1950	417 000
1960	2 132 000
1965	3 717 000
1971	5 360 000

DH114 de la British European Airways

DH89 de la compagnie British European Airways

British Island Airways

Elle fut lancé sous le nom de British United Island Airways après la restructuration de la BUA en 1968 et la compagnie ne fit pas partie de la fusion BUA/Caledonian. Elle desservait en 1976 un large réseau au Royaume Uni avec douze HP « Herald », y compris la liaison vers Paris en « train plus avion » via Le Touquet et Londres-Gatwick. En 1979, son effectif était de mille employés qui mettaient en œuvre trois BAC111et vingt HP « Herald ». Elle fit partie de la fusion créant Air UK.

Un Handley Page Herald de la British Island Airways

British Mediterranean Airways

Création en février 1994 par un groupe d'investisseurs britanniques. Les premiers services commencèrent le 26 octobre 1994 vers Beyrouth, Damas et Amman. La vocation était d'être une franchise de la British Airways, ce qui fut confortée par un accord en 1997, BMA reprenant les vols de son partenaire sur les escales qu'elle desservait. Le réseau s'est agrandi à Bishek, Bakou, Téhéran, Addis-Adeba, Alma Ata puis Dakar et Bathurst. En 2004, la compagnie transportait 277 000 passagers. Le réseau en 2006 avait dix-huit destinations dans dix-sept pays. La flotte comportait trois Airbus 320 et cinq 321. Les pertes accumulées conduisirent les dirigeants à trouver un partenaire et le 27 octobre 2007 la compagnie passa sous la coupe de BMI.

British Midland Airways (BMI)

Elle porta le nom de Derby Airways jusqu'en 1964, où la fusion avec Mercury Airlines changea le nom pour British Midland Airways. En1968 la compagnie fut reprise par le « Minster Group ».

Sa base était l'aéroport East Midlands qu'elle reliait à Amsterdam, Francfort, Bruxelles, Belfast, Dublin, Paris ainsi que des vols au départ de Londres-Heathrow en novembre 1969, après la reprise de la liaison Londres-Heathrow-Teeside ce qui lui permit de commencer à bénéficier de créneaux horaires. Elle assura aussi des vols depuis Londres-Southend. Des vols à la demande complétaient ses activités. En 1975, elle mettait en ligne neuf Vickers « Viscount » et deux HP « Herald » avec huit cents employés.

Elle avait des activités de soutien à d'autres compagnies en particulier la location d'avions avec équipages. En 1977, elle disposait de six Boeing 707, trois DC9-15 et huit Vickers « Viscount ». En 1978 elle assurait tous les vols au départ de Liverpool de British Airways. Elle avait été reprise en 1978 par un consortium mené par Michael Bishop. Elle disposait en 1979 de deux DC9 et onze Vickers « Viscount ».

A partir des années 1980, des Boeing 737 seront utilisés. En 1982 elle sera autorisée à relier Londres à Glasgow et Edimbourg et verra la même année la création de Loganair. Ce sera ensuite deux lignes transatlantiques vers Washington et Chicago depuis Manchester avec deux Airbus 330. La compagnie SAS, qui était actionnaire depuis 1987, avait vendu sa participation à Lufthansa en 1999. En février 2007 la compagnie British Mediterranean Airways fut intégrée.

En 2009, la Lufthansa, qui avait pris le contrôle de la compagnie, la remettra en vente en 2011 devant les pertes importantes. La British Airways reprendra le 27octobre 2012 BMI, dont un des actifs les plus intéressants était les 13% de créneaux horaires sur l'aéroport de Londres-Heathrow.

Année	Nombre de passagers
2002	7 500 000
2005	10 500 000
2008	10 100 000
2010	6 200 000

Sa flotte au moment de la l'absorption comprenait : onze Airbus 319, sept Airbus 320, sept Airbus 321 et deux Airbus 330.

Un Dart Herald de la British Midland

Vickers Viscount de la British Midland

BMI Baby

Le début des opérations remonte au 22 juin 2002 depuis sa base principale, l'aéroport d'East Midlands avec des vols bon marché. La compagnie développa des bases à Birmingham, Cardiff, Manchester. En 2008, suite à la crise mondiale venue des USA, le trafic diminua, des bases furent fermées. Le 22 décembre 2011, IAG racheta British Midland Airways (BMI) à la Lufthansa et souhaita céder BMI Baby, mais IAG ne reçut aucune proposition. Les vols furent arrêtés le 9 septembre 2012. La flotte en service comprenait quatorze Boeing 737. Une des conséquences de cet arrêt fut que quatre cents personnes furent licenciées.

BMI Regional

Ce transporteur commença ses opérations en 1987 sous le nom de Business Air et sera repris par British Midland Airways. En 2001 la compagnie deviendra BMI Commuter.

Avec les différentes modifications de l'actionnariat de BMI, le transporteur deviendra BMI Regional puis, en 2017, Flybmi.com. La compagnie met en ligne une flotte comprenant seize Embraer 145 et quatre Embraer 135. Le réseau comprend vingt sept villes.

British Overseas Airways Corporation (BOAC)

Création le 1er avril 1940 suite au «British Overseas Airways Act» datant de 1939. Elle regroupait Imperial Airways et British Airways. Elle avait pour mission de développer un réseau mondial avec l'idée de faire deux routes autour de monde, une par le Nord via le Canada, les USA, puis Tokyo, Singapour, et l'Inde. L'autre route en suivant l'hémisphère Sud, passant par les USA, le Pacifique, l'Australie, puis Singapour et le retour vers Londres. Pendant la guerre elle assura des liaisons vers l'Amérique du Nord, l'Afrique et le Moyen Orient via l'Afrique centrale. Le 31 mars 1945, la flotte de la BOAC était très disparate avec sept types d'hydravions et onze modèles d'avions…

Le premier vol vers Sydney après le conflit eut lieu 31 mai 1945 avec un Avro « Lancastrian », qui rapidement fut rejeté par les utilisateurs par sa faible capacité (neuf passagers). Il sera remplacé par le DC4-M. Les vols vers Johannesburg reprirent le 10 novembre 1945 avec un Avro « York » qui prenait trois jours pour assurer la liaison. La BOAC attendait des Avro « Tudor » pour la desserte des lignes du Commonwealth, mais l'appareil ne fut pas une réussite et le gouvernement autorisa la compagnie à passer commande pour des « Constellation », des Boeing « Stratocuiser », des DC4-M (DC4 remotorisés par Canadair avec des Rolls Royce « Merlin

« plus puissants). Au début de 1950, la BOAC avait dans sa flotte onze Constellation, dix Boeing « Stratocuiser », vingt-deux DC4-M.

En 1952, elle mit en service le premier avion à réaction le DH « Comet 1 » sur ses lignes mais elle sera dans l'obligation de les retirer au début 1954 suite à plusieurs catastrophes ; ce qui eut pour conséquence de stopper les vols vers l'Amérique du Sud par manque d'appareils.

En 1955, elle utilisait : seize L749 « Constellation », seize Boeing « Stratocuiser », vingt-deux DC4-M « Argonaut », quatre Avro «York ». Celle-ci évolua assez vite puisqu'en 1957 elle disposait de treize Bristol « Britannia », dix DC7C, seize Boeing « Stratocuiser », quinze L 749 « Constellation » et dix-neuf DC4-M.

En 1958, la BOAC fut la première à assurer des vols transatlantiques avec des avions à réaction DH « Comet 4 ». Avec cet appareil, elle ouvrit en 1959 des liaisons vers Tokyo et Hong-Kong, puis vers l'Australie. En septembre 1959 ses moyens aériens comportaient quinze DH « Comet 4 », trente-deux Bristol « Britannia », dix Douglas « DC7C », cinq Boeing « Stratocuiser » et deux DC4 M. Elle attendait quinze Boeing 707qui arrivèrent en 1961 ; quarante-cinq Vickers « VC10 » et « super VC10 » étaient en commande. En 1960, elle lança un vol « tour du monde » en jet. En1963, elle relia en DH « Comet 4 » Londres à la Nouvelle Zélande. Elle fusionna avec la BEA (British European Airways) pour constituer la British Airways le 1er avril 1974.

Année	Nombre de passagers
1947	456 000
1955	1 610 000
1965	7 029 000
1971	11 444 000

Boeing 377 Stratocruiser de la BOAC

British Overseas Airways Corporation BOAC/Cunard

Création en juin1962 pour reprendre les activités de Cunard Eagle Airways sur l'Atlantique, vers les Bermudes, Nassau, ainsi que vers l'Amérique du Nord et du Sud. Elle mit en ligne jusqu'à huit Boeing 707. BOAC/Cunard assurait aussi quatre vols par jour entre Miami et les Bermudes. Elle termina son exploitation en 1966.

British Regional Airlines

Initialement Manx Airlines avait lancé une filiale pour assurer des vols en Europe sous le nom de Manx Europe. En 1994, la compagnie devint un franchisé de British Airways et prendra le nom de British Regional Airlines. En mars 2001, elle est rachetée par British Airways qui la fusionna avec Brymon Airways pour créer BA CitiExpress avec comme base Manchester.

British South American Airways

Création en 1945 par différents intérêts maritimes sous le nom de British Latin American Air Lines avec pour ambition de relancer des vols vers les Caraïbes et l'Amérique du Sud. Les premières liaisons débutèrent entre Bournemouth-Hurn et Buenos Aires, via Lisbonne, Bathurst, Rio et Montevideo, en utilisant des Avro « Lancastrian » emportant seulement dix passagers.

En 1946, les vols furent transférés à Londres-Heathrow, qui venait d'ouvrir et le nom de la compagnie fut changé pour British South American

Airways. En 1947 elle employait 1000 personnes et en huit mois avait transporté 5397 passagers. En 1948, les programmes prévoyaient quatre vols par semaine vers Buenos Aires et trois vers Nassau et la Jamaïque ainsi qu'un vol vers Santiago du Chili. Le 1er août 1948, BSAA fut nationalisée.

La compagnie introduisit l'Avro « Tudor », un avion pressurisé, en principe plus confortable. Plusieurs accidents conduisirent à son retrait et le 15 mars 1949. La compagnie fut reprise par la BOAC qui assura les lignes avec des DC4 « Argonaut », beaucoup plus fiables.

Armstrong Whitworth stardust de la BSAA

British United Airways BUA

Création le 1er juillet 1960 par la fusion des compagnies du groupe Airwork (Air Charter, Morton Air Services, Olley Air Services et Transair) avec Hunting Clan Air Transport, sous la houlette de British and Commonwealth Shipping, l'actionnaire majoritaire. Toutes ces compagnies étaient rassemblées dans une seule entité. Les services étaient assurés dans la continuité des compagnies regroupées, avec des vols vers l'Afrique Centrale et de l'Ouest, vers Gibraltar et les activités de Channel Air Bridge pour traverser la Manche, au départ de Southend vers Calais, Ostende, Rotterdam et le Touquet. Des vols cargos étaient déployés jusqu'en Afrique du Sud, ainsi que des vols à la demande.

De nombreux vols étaient assurés pour le transport des familles de militaires vers l'Allemagne, Hong-Kong, Singapour, Aden et Nairobi. La flotte comportait en 1960 quatre Bristol « Britannia », onze Vickers « Viscount », deux DC6C, treize Bristol 170, six DC3 ainsi qu'une flotte d'hélicoptères. En 1962, British Aviation Services fut repris apportant Britavia et Silver City, puis un peu plus tard ce fut Jersey Airlines.

Le 1er octobre 1964 marqua la mise en service du Vickers VC10 puis, le 5 novembre, la reprise des lignes vers Buenos Aires et Rio de Janeiro, abandonnées par la BOAC. Le 9 avril 1965, BUA fut la première compagnie à mettre en service le BAC 111. Le 4 novembre 1966, elle mit l'appareil sur les liaisons vers Glasgow, Edimbourg et Belfast, proposant à ses clients des vols uniquement en jet.

L'année 1968 vit une réorganisation avec une diminution des vols pour les militaires et leurs familles, au profit de vols « tout compris » pour les agences de voyages. En novembre 1970, B&C céda British United Airways à Caledonian Airways pour former la British Caledonian Airways.

Bristol 170 Freighter 32 de la BUA

British United Air Ferries

En 1963, sous la houlette d'Air Holdings, il y eut le regroupement de Channel Air Bridge et Silver City Airways. L'ensemble au départ de Southend, de Lydd et de Bournemouth desservait dix villes sur le continent sous la direction de Freddy Laker. Les moyens mis en œuvre étaient de vingt-cinq Bristol 170 et trois Carvair. Le 3 octobre 1977, le vol Southend-Düsseldorf fut assuré par un HP « Herald » qui était piloté par mesdames Caroline Frost et Lesley Hardy, le premier vol assuré par des pilotes femmes au Royaume-Uni. En 1979, l'ensemble des vols fut transféré à British Island Airways.

British United Airways CI

A partir de 1962 ce fut le regroupement de Jersey Airlines avec Manx Airlines et les lignes de Silver City du Nord du Royaume Uni. Elle desservait Jersey, Guernesey, Alderney, Bournemouth, Cherbourg, Southampton, Exeter, Londres, Plymouth, Paris, Dinard, Saint Brieuc, Quimper, Coventry, Glasgow, Manchester, Edimbourg. Elle utilisait six HP « Herald », quinze DC3 et deux DH « Heron ».

British Westpoint Airlines

Création en mars 1961, la compagnie prendra son nom en 1963 ; avec trois DC3, elle assurait des vols à la demande et une ligne régulière entre Londres-Heathrow, Newquay et Exeter. Elle terminera ses activités en mai 1966 suite à des problèmes financiers.

British World Airlines

La compagnie British United Air Ferries avait été placée sous administration judiciaire en janvier 1988 et après une réorganisation financière elle reprit ses activités en mai 1989. En 1993, British United Air Ferries devint British World Airlines. Elle mit en service l'ATR 72 en 1996. Elle arrêta ses activités le 14 décembre 2001, suite à la dépression économique consécutive aux attentats de New York. Sa flotte comprenait en 2001: un Boeing 757, trois Boeing 737, trois BAC 111, deux ATR 72 et six BAE « ATP ».

Brymon Airways

Sa création date de 1972 avec comme base Plymouth, par Bill Bryce et le coureur automobile Chris Amon. Brymon étant la contraction de Bryce et Amon. Les premières lignes régulières ouvertes en juin1972 reliaient Plymouth et Newquay avec Jersey, Guernesey, les iles Scilly, Morlaix, Brest, Cork, Cherbourg et Londres-Gatwick. En 1977 ses moyens comportaient un HP « Herald », deux Scottish Aviation « Twin Pioneer » et un Britten Norman « Islander ». En 1985 British Airways entra au capital. Brymon Airways inaugura l'aéroport de London-City avec un vol pour Paris pour Air France en novembre 1987. En1991 les vols de la compagnie étaient basés surtout sur l'aéroport de London-City. Ils reliaient cette plateforme à Paris, Bristol, Aberdeen, ainsi que Newquay à l'aéroport de Londres-Heathrow. En octobre 1992, elle fusionna avec Birmingham European Airways pour former Brymon European Airways.
Puis, changement, Brymon fut repris par British Airways et Birmingham par Maersk pour former Maersk Air UK. En 1998, reprise des lignes de

BA Regional vers Aberdeen. Le 28 mars 2002, fusion avec British Regional Airlines pour former BA CitiExpress qui deviendra le 1er février 2006 BA Connect et finalement, en 2007, elle est vendue à Flybe. La flotte comprenait cinq BAC 111, quatorze Bombardier « Dash 8 », dix Embraer 145, sept DHC « Twin Otter ».

Buzz

Création en 1999 par la KLM comme sous marque de sa filiale KLM UK pour concurrencer les transporteurs « low-cost » EasyJet et Ryanair. En 2000, la compagnie avait un réseau « low-cost » qui reliait Londres-Stansted à Berlin, Bordeaux, Düsseldorf, Helsinki, Lyon, Marseille, Milan, Paris, Vienne, Jerez de la Frontera, Montpellier et Toulouse. Sa flotte comportait des BAE 146 dont elle utilisera jusqu'à dix exemplaires et des Boeing 737 au nombre de huit. Le 31 mars 2003, elle sera cédée à Ryanair qui en fera pendant une courte période « Buzz Stansted » avant d'intégrer son activité à celle de Ryanair en 2004.

Caledonian Airways

Création en avril 1961. Le premier vol fut assuré entre Londres et l'île de la Barbade le 29 novembre 1961. La compagnie avait de grandes ambitions dans les vols à la demande, aussi bien dans le long courrier que sur les distances plus courtes. Son premier avion fut un Douglas DC7C loué à la Sabena.

En 1963 elle exploitait quatre DC7C. En 1970 elle exploitait cinq Boeing 707, quatre BAC 111 et quatre Bristol Britannia. En 1961 elle avait transporté 8 000 passagers et en 1970 le chiffre était monté à 800 000 ! Elle employait mille salariés. Elle fusionna avec la British United Airways en novembre 1970.

Boeing 707 de la Caledonian

Caledonian Airways 88

Création par la British Airways comme nouveau nom de British Airtours. Elle avait une flotte importante comportant trois DC10, sept Lockheed Tristar, sept Boeing 757, un Boeing 747 et huit Airbus 320. En 1995 elle sera cédée à « Inspirations » du groupe Carlson, qui l'exploitera sous le nom de Peach Air, avant de fusionner avec Flying Colors Airlines qui deviendra JMC Airlines.

Cambrian Airways

Création en 1936 de ce transporteur gallois basé à Cardiff. En 1955 les principales lignes assurées étaient à destination des iles Anglo-normandes, Paris, Nice, Dinard, Liverpool, Bristol. Deux DC3 et trois DH « Dove » étaient utilisés. En mai 1956 un accord fut passé avec la BEA pour partager les vols. En février 1958, la BEA avait acquis un tiers du capital ; ce qui conduisit à l'arrêt des liaisons vers Paris, Nice, Dinard et limita les vols aux liaisons entre le Sud du Pays de Galles, le centre de l'Angleterre et les iles Anglo-normandes en utilisant huit DC3. En 1963 son activité était importante dans l'ouest de l'Angleterre, les iles Anglo-normandes, l'Irlande et Paris. Sa flotte comprenait quatre Vickers « Viscount » et huit DC3.

Capital Airlines

Existence brève de ce transporteur entre 1987 et 1990. A partir de Brown Air, filiale du groupe éponyme, débutèrent en 1987 des vols au départ de Leeds-Bradford au moyen de Short 330 puis 360. La compagnie desservira Leeds-Bradford, Dublin, Belfast, Londres-Luton, Londres-Gatwick, Edimbourg, ou encore Southampton. En raison de la forte demande vers Belfast elle mettra en service deux BAE 146. Mais des problèmes financiers dans le groupe conduiront à la faillite en juin 1990.

Channel Air Bridge

C'était une entité du groupe BUA. Elle assurait les vols transmanche au départ de Southend vers Calais, Ostende et Rotterdam, puis Bâle et Genève. En 1961 elle utilisait neuf Bristol 170 et attendait dix ATL 98, une conversion du Douglas DC4, qui permettait de transporter cinq voitures.

Channel Airways.

Création en 1946 de cette compagnie qui était aussi connue sous le nom d'East Anglian Flying Services. Elle desservait au début Southend et Le Touquet, Calais ainsi que la liaison entre Portsmouth et l'Ile de Wight ; puis Paris depuis Southend et Brighton-Shoreham.
Les moyens initiaux étaient trois DH « Dove » et trois DH 89 « Rapide ». La flotte fut renforcée rapidement avec deux Bristol 170. En 1960 elle mettait en ligne quatre Vickers « Viking », deux DC3, deux Bristol 170, quatre DH « Dove ». Elle mettra en service des HS « Trident » puis ce sera l'arrêt en juin1972.

Channel Express

La compagnie débuta ses activités sous le nom de Express Air Service avec pour base Bournemouth avant de devenir Channel Express en 1983. Elle assura des vols vers les iles Anglo-normandes avec des HP « Herald », ainsi que des vols pour la Poste britannique. En 2006 elle changea son nom pour J2, correspondant à sa nouvelle orientation vers les vols « low-cost ».

Continental Air services

Elle assurait en 1959 des vols à la demande au départ de Londres-Blackbushe et de Rotterdam avec cinq Vickers « Viking ». Elle fut mise en faillite à la fin de 1960.

Court Line Aviation

Elle s'était appelée « Autair » jusqu'au 1er janvier 1970, année où elle prit le nom de son actionnaire principal. En 1972, en accord avec sa stratégie de développement, elle avait acquis Leeward Islands Air Transport pour le marché des Antilles. En 1973, ce fut un bond en avant pour l'offre de vols charters avec l'arrivée du Lockheed « Tristar », qui pouvait transporter plus de trois cents passagers.

La crise économique de 1973/1974 sera fatale à la compagnie, avec la faillite de l'agence de voyages Clarksons, que Court tentera de reprendre. Le 15 août 1974 elle fait faillite. A ce moment la compagnie mettait en ligne deux Lockheed L1011 « Tristar » et neuf BAC 111.

Crewsair

Création en 1951 pour assurer des vols charter avec deux DC3 et un Vickers « Viking » au départ de Southend, surtout pour le fret vers la Méditerranée et l'Afrique. L'activité sera arrêtée en octobre 1952.

Cunard Eagle Airways

Le nom est apparu en juillet 1960 quand la grande compagnie maritime Cunard prit une participation dans le capital de la société Eagle Aviation. En dehors du réseau européen servant au départ de Londres, Dinard, la Baule, Pise, Rimini, Luxembourg, Ostende, Jersey, Perpignan. Le 1er octobre 1960 les liaisons transatlantiques furent ouvertes vers les Bermudes et Nassau. La flotte comprenait trois DC6C, un Bristol « Britannia », deux Vickers « Viscount » et dix Viking.

En 1961 Cunard Eagle avait ajouté une liaison entre les Bermudes et New York en renforçant ses moyens qui comptaient deux Bristol « Britannia » et quatre Vickers « Viscount » et elle attendait deux Boeing 707 pour 1962.

Dan-Air Services

Création en 1953 par Davis et Newman, d'où son nom. La compagnie a développé des activités de liaisons régulières et de vols charters. En 1960 elle avait notamment dans son réseau Cardiff, Bristol, Londres-Gatwick, Plymouth, Liverpool, l'Ile de Man, Jersey, Bale, Deauville, Bordeaux. Elle utilisait trois Airspeed « Elizabethan », trois Bristol 170, quatre Avro « York », deux DC3.

En 1962 des vols étaient également proposés entre Rotterdam et Bristol, Cardiff, Liverpool et Newcastle. En 1963 le réseau s'était étendu, en plus des activités de charter. Les principales destinations étaient Londres-Gatwick, Jersey, Plymouth, Glasgow, Ostende, Bristol Cardiff, Liverpool, Rotterdam ou encore Kristiansand. Elle s'était développée par des vols réguliers en Grande-Bretagne et vers le continent : Amsterdam, Ostende, Stavanger, Montpellier, Berne, Perpignan. Elle s'impliqua également dans les vols pour les agences de voyages vers les USA et le Canada.

En 1975 la flotte avait fortement grandi avec dix-neuf DH « Comet 4 », deux Boeing 707, cinq Boeing 727, sept BAC 111 et sept HS 748. La compagnie avait environ 2 500 salariés. En 1977 son réseau intérieur britannique était très important. En Europe elle avait des escales en France, en Suisse, en Norvège, aux Pays-Bas, en Irlande.

La situation financière s'étant dégradée les dirigeants cherchèrent un partenaire. Virgin qui était intéressée ne donna pas suite et finalement Dan Air fut rachetée pour une livre sterling par British Airways, qui récupéra cinquante millions de livres de dettes, mais aussi douze Boeing 737, de nombreux créneaux horaires à Londres-Gatwick, quelques uns à Londres-Heathrow et environ 500 salariés sur les 2 500 qui étaient employés. Pour British Airways le but était de rendre ses opérations plus importantes et surtout rentables à Londres-Gatwick.

Avro York de la Dan air

Comet de la Dan Air

Debonair

Création en 1996 comme compagnie « low-cost » mais en offrant une qualité de service supérieure aux pratiques de ses concurrents. Basée à Londres-Luton, elle avait lancé des lignes initialement vers Newcastle, Copenhague, Mönchengladbach, Munich, Barcelone, Nice avec cinq BAE 146. Les deux premières liaisons ont été rapidement abandonnées au bénéfice de Rome, Madrid, Pérouges, Paris. Pour cette dernière ville c'était l'aéroport de Pontoise qui accueillait les vols, en raison de son faible encombrement et de sa proximité avec le quartier d'affaires de la Défense.
En 1999, une classe « affaires » fut proposée, mais la compagnie avait de gros problèmes financiers et arrêta ses activités le 1er octobre 1999. Elle mettait en ligne 11 BAC 111 et trois Boeing 737. Pour le fondateur, une de ses erreurs fut d'avoir acquis des BAE 146 qui n'étaient pas en très bon état et coûtèrent très chers en maintenance et en vols annulés.

Derby Aviation

La création remonte à1949 au départ de l'aéroport de Derby. Elle desservait les iles Anglo-normandes avec des DH 89 « Rapides ». Puis, avec de nouveaux avions, Derby assura dans les années 1956/1957 des liaisons vers Ostende, Anvers, Glasgow et proposa des vols « tout compris » vers l'Autriche, la Suisse, la Méditerranée. En 1959 elle assurait des lignes régulières au départ de Derby, Northampton, Cambridge, Luton vers les iles Anglo-normandes, l'ile de Man, ou encore Ostende. Elle

avait dans ses moyens cinq DC3, quatre HP « Marathon », et trois Avro
« Anson ».

En 1961 elle disposait de huit DC3. En 1963 elle assurait de nombreux
vols au départ de Derby, Northampton, Londres-Luton, Carlisle,
Cambridge vers les iles anglo-normandes et depuis Derby vers Belfast,
Dublin, Leeds, Glasgow, Rotterdam, Luxembourg, ainsi que des vols à la
demande. Sa flotte s'était accrue avec cinq Canadair « Argonaut », sept
DC3 et un DH « Heron ». En 1964 avec le rachat de Mercury Airlines le
nom fut changé pour British Midlands Airways.

Devonair

Création en 1961 pour des activités au départ de Coventry avec un DH
« Dragon Rapide » et un Aerovan.

DHL Air UK

Ce transporteur a été mis en place en 1982 sous le nom d'Elan, en utilisant
en particulier des AW « Argosy ». En 1989, la compagnie passa sous le
contrôle de DHL pour devenir DHL Air UK afin d'assurer les vols de ce
transporteur mondial au départ de l'aéroport d'East Midlands. Sa flotte est
importante et comprend trente-deux Boeing 757 et cinq Boeing 767.

Donaldson International Airways

La compagnie fur une création de l'agence Mercury Air Holidays de
Glasgow en 1968. Elle débuta les opérations avec deux Bristol
« Britannia », qui rapidement furent quatre. En 1970 elle lança des vols
transatlantiques en Boeing 707. Trois appareils furent mis en service dont
un pour les vols cargos. L'exploitation fut stoppée le 8 août 1974 suite aux
gros problèmes financiers rencontrés par la compagnie.

Bristol Britannia de la Donaldson

Don Everall Aviation

Au début des années 1950, la compagnie assurait des vols entre Birmingham, Leicester et Coventry vers les iles Anglo-normandes, ainsi que des liaisons entre Birmingham et l'ile de Wight. Elle avait deux DC3 et deux DH « Dragon Rapide » en 1959. Elle fut absorbée par Air Safaris en 1960 puis l'ensemble a disparu fin 1961.

Dragon Airways

Création en janvier 1954 pour assurer des vols entre Liverpool et Glasgow, des liaisons vers l'Ile de Man et les iles Anglo-normandes avec deux DH « Heron » et deux DH 89 « Dragon Rapide ». En 1956 la compagnie fut reprise par le groupe British Aviation Services.

Eagle Aviation/Eagle Airways

Création en 1948 d'Eagle Aviation qui a été un transporteur à la demande jusqu'en 1953, surtout pour des contrats de transport de troupes. En 1953 Eagle Airways a été créée et à partir de1954 des vols réguliers ont été assurés, notamment vers Munich, Belgrade. En 1955, les vols « tout compris » ont été proposés vers Valencia, Klagenfurt, Nice, la Corse, et Palma. Sa base était initialement à Londres-Blackbushe et son président était Harold Bamberg. En 1957 la flotte comportait deux « Viscount » et dix-sept Vickers « Viking »

Eastern Airways
Nom utilisé par Lease Air une filiale du groupe Leighford . Elle a commencé ses vols en 1973 sous forme de charter. En 1979, elle disposait de deux DC3 et une douzaine d'avions légers. L'activité fut arrêtée peu après.

Eastern Airways
Le nom fut pris après le rachat en 1999 d'Air Kilroe, une compagnie qui assurait des liaisons au départ d'Humberside avec deux HP « Jetstream 31 ». En 2002, introduction du BAE 146 qui sera suivi par une dizaine d'autres avec le transfert des lignes de British Airways City Express. L'année 2010 verra l'arrivée de l'Embraer 135 dans la flotte. L'année 2010 sera à l'expansion par le rachat de la compagnie Air Southwest. En février 2014 le groupe Bristow a pris 60% du capital. Il assura un volume de trafic important entre Aberdeen et Scatsla.
Le 21 septembre 2014 un accord a été passé avec Flybe et toutes les lignes passèrent sous le code Flybe. Les principales lignes sont Aberdeen-Norwich, Leeds-Southampton, Aberdeen-Newcastle. Depuis dix ans le trafic a baissé de 600 000 passagers par an à 350 000 et de vingt aéroports desservis le nombre est descendu à seize. Pour compenser la baisse du trafic au Royaume-Uni, Eastern Airways est venue en France pour essayer de développer des liaisons « avec subventions » en particulier deux lignes au départ de Dijon ; puis les lignes Rodez-Paris et Lyon-Lorient ont été assurées. Certaines ont été stoppées rapidement. A la fin de 2017, la flotte comportait dix-sept BAE « Jetstream 41 », neuf Saab 2000, trois Embraer 145, trois Embraer 170 et deux ATR 72.

Un Jetstream 2 de la Eastern Airways

EasyJet

Cette compagnie est une création de sir Helios Haji-Ioannou en mars 1995 comme transporteur à vocation « low-cost ». Initialement deux lignes furent ouvertes depuis la base de Luton vers Glasgow et Edimbourg, avec des avions loués à GB Airways. Elle se développa rapidement avec les recettes classiques des vols bons marchés : pas de service à bord, lignes de point à point, un seul modèle d'avion... Elle utilisa initialement des Boeing 737 avant de basculer pour Airbus.

En 2007 elle reprit GB Airways. Elle a assuré la création de deux compagnies en Europe, EasyJet Switzerland pour avoir la capacité juridique de desservir plus facilement la Suisse et plus récemment EasyJet Europe basée à Vienne en Autriche, pour se protéger des conséquences du Brexit et continuer à voler en Europe sans entraves. Elle dessert plus de 850 lignes dans trente pays avec 12 000 salariés. EasyJet est le principal utilisateur de l'aéroport de Luton mais aussi de Genève et Nice notamment. En octobre 2017, suite au naufrage d'Air Berlin, EasyJet a repris vingt-cinq avions Airbus.

Année au 30/09	Passagers	Cx d'occupation %	Chiffres d'affaires en millions de livres
2017	80 249 000	92,6	5 047
2015	68 624 000	91,5	4 686
2010	48 754 000	87	2 973
2005	29 557 000	85,2	1341,4
2000	5 600 000		267,7

La flotte d'EasyJet en 2018 comporte cent-dix-huit Airbus 319, quatre-vingt-dix-huit Airbus 320 avec une quinzaine en commande, quatre Airbus 320neo avec quatre-vingt-seize en attente de livraison et trente Airbus 321neo à recevoir. En plus ses filiales disposent de :

- EasyJet Switzerland de trois Airbus 319 et vingt-quatre Airbus 320.
- EasyJet Europe onze Airbus 319 et quatorze Airbus 320 venant d'Air Berlin.

Boeing 737 de la compagnie EasyJet

Emerald Airways

Sa création par Andy et Hilary Janes remonte à 1987 sous le nom de Janes' Aviation et deviendra Emerald Airways en 1992. Elle assura de nombreux vols au départ de Liverpool vers l'Irlande en particulier. La flotte comportait quinze HS 748, cinq BAE « ATP », un Short 330, dix Short 360. En 2005, les vols passagers furent cédés à EuroManx et le 12 mai 2006 l'activité fut arrêtée.

Eros Airlines

Cette compagnie est lancée en 1962 en partenariat avec Eros-Chypre pour assurer des vols vacances à la demande. Initialement trois Vickers « Viking » étaient utilisés.

Euravia

Compagnie dont la création remonte à 1962 avec un premier vol le 1er avril. Fortement soutenue par de grandes agences de voyage, Euravia se concentrait sur les vols « tout compris ». Elle disposait de trois « Constellation » initialement et huit dès 1963. Cette année là, elle avait acquis Skyways Ltd qui gardait son autonomie d'exploitation. Elle devint Britannia Airways en 1965 avec l'arrivée du groupe Thomson.

Euroworld International

Création à Londres, en 1972, pour assurer des vols à la demande, ainsi que l'assistance aux compagnies se développant. En 1975 elle disposait de deux Bristol « Britannia » et dix DC3.

Excalibur Airways

Elle est apparue en 1992 pour assurer des vols charters vers l'Egypte et Israël, en particulier vers Eilat. La compagnie aura jusqu'à sept Airbus 320 en service. En juin1996 elle sera la mise en faillite, les principaux contrats ayant été perdus.

Executive Air Transport

Elle commença ses activités en avril 1961 avec les vols à la demande, ainsi que des liaisons régulières entre Birmingham et Leeds, Bournemouth, Newcastle et Sandow. Elle disposait initialement d'un DC3, un DH « Heron » et un DH « Dove ».

Falcon Airways

Création en 1959 pour assurer des vols à la demande au départ de Londres-Blackbushe et Bournemouth avec un Vickers « Viking », puis avec trois HP « Hermes ». En 1961, sa flotte avait évolué avec trois « Constellation » au départ de Londres-Gatwick. Le manque de fiabilité de la compagnie lui fit perdre sa licence d'exploitation à la fin de 1961.

First Choice Airways

Le début de ses activités remonte à 1987 sous le nom d'Air 2000 et changea de nom pour First Choice Airways en mai 2004. En 2005, elle transportait six millions de passagers. Elle fusionna avec Thomsonfly en 2008 pour former Thomson Airways. Au moment de la fusion sa flotte comportait : cinq Airbus 320, trois Airbus 321, quatorze Boeing 757, six Boeing 767 et elle avait passé la commande de douze Boeing 787.

Boeing 757-200 de la compagnie First Choice

Flightline

Elle commença ses opérations en 1990 depuis Londres-Southend. Initialement, l'activité était principalement l'achat et la vente d'avions d'affaires avec la maintenance. Ensuite ce fut le développement d'activités de transports de passagers. De nombreux vols au départ de Lerwick vers Aberdeen pour Shell furent assurés, puis ensuite des vols à travers l'Europe pour les agences de voyages ont été effectués. Flightline assura des vols pour British Airways au départ de London-City. Une liaison régulière fut assurée pour Ford entre Southend et Cologne. Elle sera amenée à stopper ses activités en novembre 2008, en raison de graves problèmes financiers. Elle utilisait à ce moment huit BAE 146 et trois McDonnell « MD 83 ».

<u>Flybe</u>

En 2002 la compagnie Jersey European Airways devenue British European changea de nom et de stratégie en s'orientant vers le « low-cost » mais en assurant un service de bord complet. Le 3 novembre 2006, elle reprit « BA Connect » sauf les lignes au départ du London City Airport. Les propriétaires à ce moment étaient Rosedale Aviation holding avec 69% du capital, le personnel pour 16% et la British Airways pour 15%. Elle devint de ce fait la plus grande compagnie régionale d'Europe. Le 14 janvier 2008 un accord de franchise fut conclu avec Loganair pour l'exploitation des lignes écossaises. Il se termina fin 2017. Le 10 décembre 2010, Flybe fit son entrée en bourse.

Le 27 décembre 2014 elle effectua ses premiers vols au départ de London City. Elle signa un accord avec SAS pour assurer l'exploitation de plusieurs lignes avec des ATR 72. Le 21 novembre elle ouvrit une base à Düsseldorf. Début 2017, elle inaugure des vols au départ de Londres-Heathrow vers Aberdeen, Glasgow et Edimbourg avec des créneaux horaires libérés par Virgin Atlantic. A la fin de 2017, sa flotte comprenait quatre vingt-un avions : cinq ATR 72, cinquante-six Bombardier « DH8 », onze Embraer 175 et neuf du type 195. Début 2018, la compagnie ayant des problèmes financiers, le groupe Stotbard était un partenaire possible pour reprendre Flybe.

Flying Colors Airlines

Elle débuta son activité de compagnie charter en 1996 depuis sa base de Manchester, puis étendit ses dessertes en partant de Londres-Gatwick et Glasgow. En 1998 elle passa sous le contrôle de Thomas Cook Group. En 1997, ce dernier avait repris Carlson Leisure group, qui disposait de deux transporteurs Caledonian et Peach Air. Le tout devint JMC Airlines puis ultérieurement Thomas Cook Airlines.

Flyjet

Formation en 2002 avec pour base Manchester et pour objectif le marché des vols charters. La compagnie desservira de nombreuses escales en Méditerranée, en Espagne, au Proche et Moyen-Orient. Elle mettra en service deux Boeing 757 et un Boeing 767. En 2006 elle sera reprise par Silverjet.

Flykeen Airways

Elle a commencé ses activités en 1968. En 1990 les premiers vols commerciaux eurent lieu avec des liaisons entre Blackpool, l'ile de Man et Belfast City. En 2005 elle changea de nom pour A2B Airways, avec la reprise par British North West Airlines. Fin des opérations en 2006.

Flywoosh

Cette compagnie commença ses vols le 29 mai 2007 et les termina le 7 décembre 2007 ! Elle utilisait un ATR42, loué à un transporteur polonais, pour relier Dundee, Birmingham et Belfast.

On peut considérer que cette compagnie était virtuelle.

GB Airways

Création en 1931 à Gibraltar pour assurer la liaison vers Tanger. En 1989 le siège avait été transféré à Gatwick pour assurer le développement de la compagnie. Elle deviendra un franchisé de British Airways en 1995 et assura des vols au départ de Gatwick vers de nombreuses villes du Sud comme Agadir, Palma, Corfou, Malaga... Egalement des vols au départ de Londres-Heathrow vers Casablanca, Malaga, Marrakech, ainsi que de Manchester vers Malaga, Salzbourg, Tenerife Sud. Le 23 octobre 2007 elle sera vendue à EasyJet (sauf les créneaux horaires) mais resta franchisée de British Airways jusqu'au 29 mars 2008. Elle exploitait ncuf Airbus 320 et six Airbus 321.

Gill Airways

Ce transporteur démarra ses activités en 1969 suite à la création de Gil Aviation par Michael Gil, au départ de Newcastle. Un premier Short 330 lui permit d'ouvrir des liaisons vers Aberdeen, Belfast City et Manchester au départ de Newcastle. La compagnie prit le nom de Gil Air en 1989. En 1995, l'arrivée de Fokker 100 dans sa flotte a permis d'assurer la ligne Paris-Newcastle pour Air France, puis de Paris à Londres-Stansted. Elle changea de nouveau son nom pour Gill Airways.

Elle fut sous administration judiciaire en 2000, puis en sortit. Les attentats de septembre 2001 furent mortels pour l'économie, en particulier pour les transporteurs fragiles financièrement. La compagnie fut mise en liquidation peu après. Elle employait 465 salariés et mettait en œuvre une flotte de seize avions du type ATR 42/72.

Go Fly « GO »

Cette compagnie « low-cost » fut lancée en 1998 par British Airways, Bob Ayling son président ayant été impressionné par le succès d'EasyJet. Le premier vol eut lieu entre la base de Londres-Stansted et Rome-Campino. En 2001 une seconde base fut ouverte à Bristol. Go Fly mettra en service vingt-sept Boeing 737-300. En 2002, Bob Ayling ayant quitté la direction de British Airways, Go Fly fut cédée à EasyJet.

Guernsey Airlines

Création en 1978 de cette compagnie associée à Alidair avec comme base Jersey. Initialement elle disposait d'un Vickers « Viscount » pour assurer des vols à la demande. Ensuite son activité s'est confondue avec Aurigny.

<u>Hebridean Air Services</u>

Ce transporteur assure des vols réguliers au départ d'Oban vers les iles écossaises voisines avec deux BN 2 « Islander ». Il dessert notamment depuis Oban, Coll, Islay, Colonsay, Tiree.

Highland Airways

Création en 1991 à Inverness sous le nom d'Air Alba, avec initialement une activité tournée vers la formation. En février 1997, elle devint Highland Airways correspondant aux activités de transport de passagers en Ecosse et de services pour la presse. Elle arrêtera ses activités en 2010. Au moment de la cessation de ses activités, elle disposait d'une flotte comprenant huit HP « Jetstream 31 », deux BAE « Jetstream 41 » et un BN « Islander ». Son réseau comportait sept escales en Ecosse et deux au Pays de Galles.

Highland Express

Création en 1984 de la compagnie par Randolph Fields, un ancien partenaire de Richard Branson. Les opérations commencèrent en juin 1987 de manière chaotique… Elle tenta d'assurer un service quotidien sur l'Atlantique entre Londres ou Birmingham et Glasgow-New York en Boeing 747. Les activités furent arrêtées en novembre 1987.

B747 de la compagnie Highland Express

Hornton Airways

Cette compagnie eut une existence assez courte de 1947 à 1950. Elle disposait de quelques DC3 volant depuis sa base de Gatwick ; elle participa au pont aérien de Berlin.

Hunting Clan Air Transport

A sa création en 1946, Hunting Air Travel a été la première compagnie indépendante à reprendre des activités après la seconde guerre mondiale. En octobre 1953 ce fut la reprise par le groupe Hunting et la compagnie maritime Clan Line pour devenir Hunting Clan Air Transport.

Le « Colonial Coach Service » avait démarré peu après sur les lignes Londres-Nairobi, Londres-Salisbury et Londres-Accra en partenariat avec Airwork. Des vols en Europe était assurés entre Newcastle et Londres et Newcastle-Amsterdam et Düsseldorf. Pour ces vols, en 1955, trois Vickers « Viscount », neuf Vickers « Viking », trois DC3 étaient utilisés. Les vols vers l'Afrique étaient assurés initialement en Viking… un long voyage avec escales et nuits à l'hôtel !

En 1958 en plus des vols vers Salisbury, Nairobi et Accra, des vols uniquement cargos étaient assurés entre Londres et l'Afrique. La flotte comportait trois Vickers « Viscount », deux DC6A, sept Vickers « Viking » et trois Avro « York » et en 1959 deux Bristol « Britannia » furent ajoutés. Le 1ᵉʳ juillet 1960, elle devint une composante de British United Airways.

IAG International Airlines Group

Ce groupement hispano-britannique a son siège à Madrid et son centre opérationnel à Londres. Il résulte du rapprochement en 2011 de la British Airways et de la compagnie espagnole Iberia. Il se poursuivra avec l'intégration de Vueling en novembre 2012. IAG Cargo sera formé en décembre 2012 pour unir les moyens pour le transport du fret. En août 2015, Aer Lingus rejoignit le groupe.

L'année 2016 verra l'arrivée au capital de Qatar Airways qui en a pris 10%. En mai 2017, ce fut le lancement de la compagnie « low-cost » long courrier « LEVEL» avec pour base Barcelone.

Les statistiques :

Année	Nb de passagers
2011	51 687 000
2012	54 600 000
2013	67 224 000
2014	77 334 000
2015	88 333 000
2016	100 675 000
2017	104 829 000

IAS Cargo Airlines

International Aviation Services assura des vols cargos à la demande vers l'Afrique au départ de Londres-Gatwick. En 1975, elle disposait de trois DC8. La composition de la flotte s'était renforcée en 1978 avec un quatrième DC8F. La compagnie fusionna avec Trans Meridian Air Cargo en 1979 pour former British Cargo Airlines

Independant Air Travel

C'est un groupe de pilotes qui a fondé la compagnie en 1954 pour assurer des vols à la demande, depuis l'aéroport de Bournemouth. Un accident grave amena les dirigeants à changer le nom pour Blue Air en 1956. La flotte comprenait en 1958 sept Vickers « Viking » et trois DC4. Suite à une forte baisse de l'activité, la compagnie a été dissoute le 12 octobre 1959.

Inter European Airways

Création en 1987 avec pour base Cardiff. Le début des opérations eut lieu en 1987 avec un Boeing 737. En 1988 deux Boeing 737-300 étaient utilisés, puis un Boeing 757 fut ajouté, le tout pour assurer des vols charters vers le bassin méditerranéen. La flotte sera au maximum de huit avions et en 1993 la reprise par Airtours des actifs conduira à l'arrêt de l'activité.

Intra Airways

La création de ce transporteur remonte à janvier 1969 dans les iles Anglo-normandes. Les opérations ont commencé initialement avec des vols à la demande. A partir de 1971, un certain nombre lignes régulières furent exploitées depuis Jersey et Guernesey vers Gloucester, Cambridge, Caen, puis en 1972 vers Ostende, Deauville, Morlaix, Dinard. En 1975, le principal actionnaire était le groupe Bernell Finance. La flotte comportait un Vickers « Viscount », cinq DC3 et un Britten Norman BN2A. En 1978 le réseau comprenait aussi Bruxelles, Düsseldorf, Nantes. Un vol « tout cargo » reliait Bournemouth avec les iles Anglo-normandes, la flotte comprenait trois Vickers « Viscount » et sept DC3. La compagnie fut intégrée dans Air Bridge Carriers en janvier 1979.

Invicta International Airlines

Création en 1964, sous le nom d'Invicta Air Cargo par Hugh Kennard, l'ancien animateur d'Air Ferry. Elle devint Invicta International Airlines en 1970 pour intégrer le transport de passagers. En 1973 la compagnie maritime « European Ferries shipping group » prit une participation majoritaire. En 1976 le capital fut repris par « Universal Air Transport » appartenant au fondateur de la compagnie. Elle utilisait deux Bristol « Britannia ». Elle assura des vols à la demande entre 1965 et 1982 au départ principalement de Manston.

Jersey Airlines

Sa création a eu lieu à Jersey en 1949. En 1955 elle reliait les iles Anglo-normandes à Manchester, Londres-Gatwick, Dinard ou encore St Brieuc. Elle utilisait quatre DH « Heron » et trois DH 89 « Rapide ». En 1957 le réseau était plus étendu notamment avec Bilbao, Nantes, Bournemouth,

Exeter... Pour réaliser son programme de vols, sept DH « Heron » et un Bristol 170 étaient utilisés.

En 1961 les moyens avaient évolué avec l'utilisation du nouvel avion Handley Page « Herald ». La BEA avait pris 25% du capital. Suite à la prise de contrôle par Air Holdings en mai 1962, les opérations furent intégrées à British United Airways CI le 1er novembre 1962.

Jersey European Airways

La création a eu lieu le 1er novembre 1979 avec la fusion d'Intra Airways et d'Express Air Service sous la houlette d'un investisseur de Jersey, John Habin. Celui-ci revendra la compagnie en 1983 au Walker Steel Group. En 1985 Jersey European Airways absorbera Spacegrand une compagnie charter.

En 1997 la compagnie avait établi un réseau assez dense au départ de Londres-Gatwick vers Belfast, Jersey, Birmingham, Dublin, Exeter, mais aussi entre Londres-Stansted et Belfast ainsi que Londres-Heathrow vers Lyon et Toulouse. Pour montrer que son activité n'était plus centrée sur Jersey mais avec un réseau plus complet, elle prit le nom de British European en 2000. Elle exploitait une flotte comprenant 21 BAE 146 et neuf Bombardier « Dash 8 ». En 2002 elle deviendra « Flybe ».

Jet2 Com

Connu initialement sous le nom de Channel Express, ce membre du Dart Group lança la marque « Jet2Com » ou « Jet2 » comme opérateur « low-cost ». En 2003 c'est le début de la ligne Leeds-Amsterdam suivie par d'autres liaisons au départ de cet aéroport. En 2004 verra le début des vols au départ de Manchester puis, en 2005, depuis Newcastle. Quelques vols vers New York seront assurés en 2008. La compagnie a connu une progression régulière de son trafic.

Année	Passagers	Nombre de vols	Cx d'occupation %
2003	604 000	5 543	78,9
2008	3 454 000	27 851	79,4
2012	4 776 000	32 520	89,0
2016	6 725 000	41 796	90,8

Pour assurer son activité elle mettait en ligne à fin 2017 quarante-trois Boeing 737-800, dix-huit Boeing 737- 300 en cours de remplacement par des versions 800 et onze Boeing 757.

B757-200 de la Jet2.com

JMC Airlines

Cette compagnie a été le résultat de la fusion en mars 2000 de Caledonian Airways et Flying Colors Airlines après le rachat du groupe Thomas Cook par Carlson Leisure. Le nom JMC correspondait au nom de John Mason Cook, le fils de Thomas Cook. Le 31 mars 2003 le nom deviendra Thomas Cook Airlines. Les opérations étaient principalement assurées au départ de Londres-Gatwick et de Manchester. Avant ce changement, la flotte comportait dix Airbus 320, deux Airbus 330, dix-huit Boeing 757 et deux DC10.

Boeing 757 de la JMC Airlines

Jota Aviation

Ce transporteur date de 2009. Il a établi sa base sur l'aéroport de Southend. Son activité est le transport de fret et la location d'avions. Il dispose d'un Beech et de trois BAE 146.

Kondair

Création en 1977 de ce transporteur qui a eu une activité de transport de presse entre Southend et Amsterdam avec deux BN « Trislander ». Elle sera reprise par Titan Airways en 1989.

Laker Airways

Sa création date de mars 1966 par Freddie Laker pour assurer des vols à la demande qui furent assurés en mars 1967. La base était Londres-Gatwick.

En 1975, Laker avait comme moyens : trois DC10, deux Boeing 707 et cinq BAC 111. Ensuite Laker a lancé le « Skytrain » le 27 septembre 1977 entre Londres et New York, après six ans de discussion… C'était un service sans réservation, très bon marché qui conduisait les futurs voyageurs à attendre parfois plusieurs jours pour avoir une place…la ligne Londres-Los Angeles fut inaugurée en septembre 1978. En 1979 les moyens avaient été complétés avec six DC10-10, deux Boeing 707, cinq BAC111. Le « Skytrain », qui était effectué une fois par jour entre Londres et New York en 1977, s'était fortement développé en1981 avec en été trois vols vers New York, deux vers Los Angeles, un vers Miami. Des vols au départ de Manchester et Glasgow-Prestwick vers les escales américaines étaient également proposés. Freddie Laker avait annoncé une commande pour une quinzaine d'avions et devenait un acteur très gênant sur le marché transatlantique. Une dizaine de concurrents seront accusés d'avoir mené des actions pour l'abattre. Laker déposa le bilan le 6 février 1982. Les liquidateurs obtiendront des dédommagements importants pour les créanciers et pour sir Freddie !

DC-10 de la Laker Airways

Lancashire Aircraft Corporation

Cette compagnie, au début des années 1950, assurait des vols entre Blackpool et l'ile de Man ainsi que vers Jersey. Par ailleurs quelques liaisons étaient assurées entre Birmingham et l'ile de Man. Deux DC3 et trois DH 89 « Rapides » étaient utilisés. En 1956, LAC fut reprise par le groupe British Aviation Services.

Lanzair

Création en 1973 dans les iles Anglo-normandes. Elle utilisera deux « Constellation » entre 1973 et 1976. Elle sera impliquée dans des vols transportant des armes et sera liquidée rapidement…

Leisure International Airways

Son apparition remonte en octobre 1988 comme Air UK Leisure, avec pour base l'aéroport de Londres-Stansted. Initialement elle utilisa un Boeing 737 puis elle mettra en service pendant l'année 1993 des Boeing 767-300, qui seront rejoints par trois Airbus 320 puis des Airbus 321. La compagnie sera cédée en 1996 à Unijet, qui la rebaptisera Leisure International Airways. Elle sera absorbée par Air 2000 en 1998.

Links Air

Après une création sur l'aéroport de Doncaster en 1983, elle devint une compagnie régulière au début de 2014. Elle assura des vols entre Doncaster, Norwich, l'ile de Man, Belfast, Cardiff et Anglesey. Les vols furent suspendus le 21 octobre 2015 pour des motifs de sécurité. Elle fut liquidée le 1er avril 2016. Elle utilisait trois HP « Jetstream 31 ».

Lloyd International Airways

La compagnie avait commencé ses activités par des vols à la demande après sa création le 19 janvier 1961, au départ de l'aéroport de Cambridge avec un DC4. Parmi les investisseurs il y avait le descendant du roi de l'étain, Jaime Ortiz Patino. La base des opérations fut transférée à Londres-Gatwick puis en 1967 à Stansted. L'axe du développement était principalement le transport de fret entre l'Europe et l'Asie. Au milieu des années 1960 deux Bristol « Britannia » furent mis en service, rejoints par deux autres et au début de 1970, trois Boeing 707 furent acquis. Mais la situation financière s'étant fortement dégradée la compagnie fut mise en faillite en juin1972.

London Aero and Motor Service (LAMS)

Ce transporteur aura une existence brève depuis sa base de Londres-Stansted. La création eut lieu en novembre 1946 pour assurer des vols de fret à l'aide de bombardiers Halifax reconvertis en cargos. L'exploitation se terminera en juillet 1948.

<u>Loganair</u>

Création en 1962 par Willie Logan comme branche aviation du groupe Logan Construction. En 1967 trois BN « Islander » furent mis en service dans les iles Orcades. Puis en 1970 ce fut la desserte des iles Shetland. De 1968 à 1983, Loganair fut la propriété de la Royal Bank of Scotland. Elle a été un franchisé de British Airways à partir de 1993 et de Flybe en 2008.
Elle assure de nombreux vols en Ecosse, en particulier vers les iles ; parmi les escales Stornoway, Kirwall, Sumburgh, ainsi que des vols vers Jersey, Guernesey, Southampton et Bruxelles. Pour assurer ses vols Loganair mettait en ligne des avions BAE « ATP », des BAE « Jetstream 41 », des Short SH 6 et des DHC « Twin Otter ». Depuis le 1er septembre 2017 elle vole sous ses propres couleurs.

London City Airways

La compagnie fut une initiative de la British Midland pour la desserte de l'aéroport London-City. Initialement le nom était Eurocity Express. A l'été 1987, des vols étaient assurés vers Paris, Bruxelles et Amsterdam, en DHC Dash 7, des quadri turbopropulseurs à décollage court. En 1988 le nom fut changé pour London City Airways. L'activité s'arrêta en 1990. Les quatre avions furent cédés à British Midland.

<u>Lyddair</u>

Ce petit transporteur est basé à Lydd et exploite une ligne régulière vers le Touquet. Elle a une flotte comportant cinq avions légers.

McDonald Aviation

Création en 1974 comme filiale de William McDonald (Farmer) avec comme base Dundee. Elle assurait des vols à la demande, surtout vers la Scandinavie. Elle utilisait deux DC3, un DH « Heron ».

Maitland Drewery Aviation

Création en mai 1959 et développement rapide de la compagnie qui assurait, avec des Vickers « Viking » et trois Vickers « Viscount », des vols à la demande pour les passagers et pour le fret, au départ de Londres-Gatwick ainsi que depuis Berlin-Tempelhof. Mais l'aventure sera de courte durée et s'arrêta en août 1961.

Manx Airlines

Elle avait débuté les opérations sous le nom de Manx Air Charter en1947 et a pris son nouveau nom en 1953. Elle assurait dès cette période des vols entre l'ile de Man et Carlisle, Glasgow et Newcastle avec deux DC3 et trois DH 89 « Rapide ». Elle était associée au groupe British Aviation Services en 1957. Elle utilisait quatre DC3 venant de Silver City Airways. Les opérations furent arrêtées en 1958. Une compagnie en 1982 a repris le nom avec une association d'Air UK et British Midland Airways. Elle assura des vols jusqu'à son intégration progressive dans la British Airways.

Mayflower Air Service

Création en 1961 pour développer l'activité aérienne dans l'Ouest de la Grande Bretagne. Sa base était Plymouth et ses premières lignes reliaient Exeter, Plymouth et les iles Scilly avec deux DH 89 « Dragon Rapide ». Elle cessa son exploitation en 1963 et la ligne fut reprise par Scillonian Air Services.

Mercury Airlines

Elle assurait les vols de la compagnie Overseas Air Transport, pour éviter la confusion avec Overseas Aviation, sans lien l'une avec l'autre. En 1962 seul le nom de Mercury resta et la compagnie avec deux DH « Heron » assurait des vols entre Manchester, Exeter et l'ile de Wight.

Metropolitan Air Movements

Création en juin 1960 pour assurer des vols à la demande pour la clientèle « affaires » au départ de Londres-Gatwick , puis depuis l'aéroport de Biggin-Hill. La flotte initiale comportait un DH « Heron » et un DH « Dove ».

Metropolitan Airways

Elle date de1982 avec la collaboration de Dan Air dont elle était une compagnie d'appoint apportant des passagers dans les principales escales. Elle utilisa des DHC « Twin Otter » et un Short 330. Les principales escales étaient Bournemouth, Cardiff, Bristol, Leeds, Glasgow....

Monarch Airlines

Sa création a eu lieu en 1967. Le début de l'exploitation se fera en 1968 avec deux Bristol « Britannia », au départ de Londres-Luton, avec des vols « charters » pour l'agence Cosmos, propriété de la famille Mantegazza comme la compagnie Monarch. Elle mettra en service des jets en 1971 avec des Boeing 720. En 1975, avec près de 500 salariés, elle mettait en œuvre une flotte de trois Boeing 720B et trois BAC 111.

Elle commencera l'exploitation de lignes régulières en 1985, vers Malaga et Tenerife notamment. En 1986, elle ajouta à ses moyens des Boeing 737-300 qui seront loués avec les équipages à Euroberlin, une création à 51% d'Air France et 49% de Lufthansa, pour assurer les vols au départ de Berlin jusqu'en 1994. Monarch Airlines fera une incursion sur les vols long-courriers avec des vols transatlantiques en 1988, vers Orlando en particulier. La stratégie sera orientée vers le « low cost » en Europe et surtout sur le bassin méditerranéen.

En 2016, la flotte comportait trente-quatre Airbus 320/321, qui devaient être remplacés par une trentaine de Boeing 737 Max. Monarch Airlines transportait sept millions de passagers vers quarante-trois destinations, en employant 3 000 salariés en 2014, mais le trafic diminuera de près de 20% en 2015. Puis ce sera l'arrêt des opérations en octobre 2017, laissant 110 000 passagers dans les escales, 200 000 réservations non assurées et 3 000 salariés au chômage !

Année	Passagers	Nombre de vols	Cx d'occupation %
2005	5 352 000	29 246	82,5
2010	5 794 000	31 216	85,2
2015	5 723 000	34 796	82,3

A321-200 de la Monarch Airlines

Morton Air Services

Depuis sa base de Croydon près de Londres, avec la compagnie associée Olley Air Services, elle assurait au début des années 1950 des vols vers Le Touquet et les iles Anglo-normandes avec quatre DH « Dove ». La ville de Rotterdam fut ajoutée en 1957 avec l'introduction dans la flotte du DH « Heron ». Le 1er juillet 1960 elle fut intégrée à British United Airways et

Air Holdings. Elle continua certaines activités sous son nom en utilisant trois DH « Heron », trois DC3 et cinq DH « Dove ».

Mytravel Airways
Création à Manchester où les activités ont commencé le 11 mars 1991 avec des MD80. Il y aura l'intégration de la compagnie Inter European Airways en 1993. En août 2008, ce sera la fusion avec Thomas Cook Airlines.

Northeast Airlines
La compagnie BKS prit ce nom en 1970, suite à la formation de la holding British Air Services, regroupant BKS et Cambrian Airways dont le capital était détenu à 70% par la BEA. En 1973 la holding fera partie du groupe British Airways et en 1976 les opérations furent totalement intégrées. Elle utilisait notamment quatre HS « Trident ».

North-South Airlines
En 1959, avec un seul DH « Heron, elle effectuait des vols entre Leeds, Exeter, Bournemouth et l'ile de Wight. En 1962 elle suspendit ses lignes régulières pour se concentrer sur les vols à la demande. En 1962 elle mettait en ligne un DC3, un Bristol 170 et un DH « Heron », avant d'être mise en liquidation fin 1962.

Olley Air Service
Compagnie associée à Morton Air Services, elle assurait au début des années 1950 des vols vers Jersey, Guernesey et les lieux hippiques avec trois DH « Dove ». Le dirigeant commun était T. W. Morton.

Orion Airways
Elle était en activité l'année 1956. Avec un Vickers « Viking » elle assurait des vols à la demande. Le nom sera repris en 1978 par Horizon Travel pour constituer une compagnie charter. Elle commença ses activités avec trois Boeing 737 qui seront onze en 1984. Elle avait pour base East Midlands d'où elle assurait quelques vols réguliers. En 1988 ce fut le rachat par le groupe Bass et les opérations ont été intégrées à Britannia Airways qui regroupa son activité sur Londres-Luton. Au moment de la fusion elle possédait dix-neuf Boeing 737 et deux Airbus 300.

Overseas Air Transport

Elle assura son exploitation en 1961 pour effectuer des vols à la demande ainsi qu'une liaison régulière entre Manchester et l'ile de Wight. Deux DH « Heron » étaient utilisés sous les couleurs de Mercury Airlines.

Overseas Aviation

Compagnie dont la création remonte à janvier 1958 et son activité principale était les vols à la demande. Elle disposait de neuf DC4M « Argonaut », six Vickers « Viking », quatre Airspeed « Elizabethan » et trois DH « Heron ». En 1959, les moyens avaient été réduits à trois « Argonaut » et trois Vickers « Viking ». En 1960 une ligne entre Paris et Liverpool fut lancée. En 1961 un certain nombre licences avaient été sollicitées pour relier Birmingham à Genève, Nice, Salzbourg et Rimini, ainsi que Jersey à Rome et Barcelone. En août 1961, les dettes très importantes conduisirent à la suspension des vols et à la liquidation.

Paramount Airways

Cette entreprise avait commencé à assurer des vols charters au départ de Bristol le 1er mai 1987, avec quatre MD83. Elle sera contrainte au dépôt de bilan en novembre 1989.

Peach Air

Cette compagnie charter a existé de manière brève entre sa création en 1996 et sa fusion avec Flying Colours Airlines en 1998. Elle exploitait deux Boeing 737-200 et quatre Lockheed « Tristar ».

Pegasus Airlines

C'est une création en 1958 pour assurer des vols à la demande avec une flotte initiale de trois Vickers « Viking ». Elle assurait ses vols au départ de Londres-Gatwick et Blackpool, une ligne régulière existait entre ses deux bases. Elle cessa ses activités en octobre 1961.

Pelican Air Transport

C'est en 1976 que ce transporteur est apparu pour assurer des vols cargos au départ de Manchester. Elle avait mis en service un Boeing 707-320C et en possédait deux en 1979.

Platinium Air

Dans les années 2000 la compagnie a desservi l'axe Londres, Blackpool, l'ile de Man, Belfast et Dublin avec des BAE « Jetstream 41 ».

Princess Air

Existence météorique de ce petit transporteur qui débuta les vols en 1990 avec deux BAE 146 au départ de Southend. L'activité était composée de vols passagers durant la journée et de vols cargos pendant la nuit vers Cologne et Bruxelles. Les vols ont été suspendus en 1991.

Redcoat Air Cargo

La compagnie avait commencé ses opérations en mai 1976 pour assurer des vols cargos vers l'Afrique de l'Ouest au départ de Londres-Luton. Elle possédait initialement un Bristol « Britannia » et en possédait deux en 1979.

Sabre Airways

Création en 1994 comme compagnie charter, dotée de deux Boeing 737-200. Elle fusionnera en 2001 avec Excel Airways, époque où elle utilisait trois Boeing 727 et cinq Boeing 737-800. En 2006 changement de nom pour XL Airways UK.

Scillonian Air Services

Création en 1962 pour assurer des vols entre Londres-Gatwick et les iles Scilly. Initialement un Aero Commander était utilisé.

Scimitar Airlines

Création le 28 janvier 1975 par Guy Guinane, un ancien directeur de British Caledonian. Les opérations commencèrent en juillet 1978 avec des vols cargos au départ de Londres-Gatwick. La flotte initiale comprenait deux Boeing 707-320C. Dès 1980 les vols furent suspendus pour des raisons administratives et financières. La liquidation fut prononcée en 1982.

Scot Airways

Apparition en 1984 de Suckling Airways qui deviendra en 1999 Scot Airways suite à la reprise par Brian Souter président de Stage Coach et sa sœur Ann Gloag, la famille Suckling conservant la gestion du quotidien. Avec la crise qui a suivi les attentats de New-York en 2001, Scot Airways sera conduite à fermer six escales dont Paris. Les affaires iront mieux en 2004 où 200 000 passagers seront enregistrés. La compagnie sera revendue aux fondateurs le 18 septembre 2006, puis deviendra un partenaire d'Air France de 2007 à 2010, en assurant un certain nombre de vols au départ du London-City airport. L'activité de vols ACMI (vols pour le compte d'autrui) sera développée. Enfin ce sera la fusion avec Loganair en 2013 époque à laquelle elle avait dans sa flotte six Dornier 328.

Scottish Airlines.

Basée depuis sa création en 1935 sur l'aéroport de Glasgow-Prestwick, la compagnie était une filiale de l'entreprise Scottish Aviation. Elle participa au pont aérien de Berlin. Au début des années 1950 elle assurait des vols entre Prestwick et Londres-Northolt et surtout des vols transportant des troupes. Ses moyens consistaient en quatre Avro York et un DC3. En 1958 l'activité s'était restreinte avec un DC3 et un avion maison « Twin Pioneer ». Les opérations furent stoppées en 1960 et les actifs transférés à Dan Air en 1961.

Severn Airways

Création en 1973 et Severn Airways ouvrira plusieurs escales le 11 mars 1975 : Bristol, Cardiff, Cork Newcastle, Swansea qu'elle desservira avec un DH « Dove ». Les opérations se termineront très rapidement fin juillet 1975.

Silver City Airways

Elle appartenait au groupe British Aviation Services dans lequel la compagnie maritime Peninsular & Oriental avait le contrôle du capital. Sa création remonte à octobre 1946, le nom ayant été donné par un des créateurs après la visite d'une mine d'argent à Broken Hill en Australie. Un des projets était d'assurer des vols à la demande entre la Grande-Bretagne et l'Australie.

En juillet 1948 débuta des vols périodiques transmanche entre Lymphe et Le Touquet. En 1949 une licence fut obtenue pour assurer des liaisons régulières avec des Bristol 170 qui emportaient des voitures et des passagers. En 1954, elle inaugura son propre aéroport à Ferryfield, celui de

Lymphe avec une piste en herbe n'offrait pas de bonnes conditions d'exploitation par temps de pluie, assez fréquentes en Grande Bretagne... Elle assurait des vols vers Calais et Ostende en plus du Touquet. De Southampton vers Cherbourg et Deauville des vols seront assurés, de même entre Londres-Gatwick, Birmingham et Le Touquet. Des liaisons seront aussi proposées entre Liverpool et Belfast.

Sa flotte en 1955 comprenait quinze Bristol 170. En 1956 des vols « rail-air-bus « furent ouverts vers Paris et Bruxelles. En 1961 en plus des liaisons transmanche qui étaient assurées avec une grand nombre de fréquences, des vols étaient proposés au départ de Blackpool, Newcastle, Amsterdam, Düsseldorf... Pour exécuter son lourd programme, quarante-trois Bristol 170 étaient utilisés plus quatre HP « Hermes » et dix DC3. Suite à la prise de contrôle par Air Holdings le 1er janvier 1963, les activités furent partagées entre British United Airways CI et British United Air Ferries.

Bristol 170 de la Silver city Airways

Silverjet

La vie de cette compagnie fut brève. Sa création eut lieu en 2006 avec pour base Luton et pour objectif les passagers « business » à des prix compétitifs. Avec trois Boeing 767, elle avait à la fin de 2007 deux vols par jour entre Luton et New York-Newark , ainsi qu'un vol vers Dubaï. Elle avait repris Flyjet à la fin de 2006. Les problèmes financiers conduiront à l'arrêt des vols le 23 mai 2008, laissant 430 salariés au chômage.

Sivewright Airways

Création le 23 juillet 1946 d'une filiale aérienne pour les activités maritimes des frères Bacon. Les opérations commencèrent avec un Avro 19 « Anson » depuis Manchester sous forme de charter. La compagnie participa au pont aérien de Berlin. Elle assura en partenariat avec la BEA des vols entre Manchester et l'Ile de Man en 1949. La BEA en s'implantant sur les iles Anglo-normandes la priva d'une bonne partie de son marché et les opérations prirent fin en 1951.

Skyways

Sa fondation eut lieu après la guerre en assurant des vols réguliers entre Londres et Chypre via Malte et de nombreux vols à la demande au profit des militaires. Un service « Coach Air » Paris-Londres fut proposé à partir de 1952. Le parcours aérien se faisait entre Beauvais et Lymphe en DC3, le reste en autocar. Un service vers Vichy fut ouvert en 1956. A cette date, Skyways avait en service quatre DC3, neuf HP « Hermes », huit Avro « York ». Ces derniers pour les vols assurant le transport des militaires. Les vols « Coach Air » comprenaient aussi la liaison Lymphe-Lyon-Nice. Avec les années le réseau s'était étoffé et la flotte également. En 1959 Skyways disposait de quatre Constellation, huit HP « Hermes », quatorze Avro « York » et six DC3. A partir de 1961 la compagnie fut séparée en deux, appartenant à Eric Rylands Ltd :

Skyway Ltd

Elle assurait des liaisons régulières vers Malte et Tunis ainsi que des vols à la demande ; ses moyens comportaient quatre Constellation, six HP « Hermes », huit Avro « York ». En 1962, elle passa sous le contrôle d'Euravia.

Skyways Coach Air

Elle effectuait les vols au départ de Lymphe vers Beauvais, Lyon, Vichy, Montpellier et Tours avec quatre DC3. En 1962 trois Avro 748 avaient été mis en service, accélérant les vols entre Paris et Londres en particulier. En 1971, suite à des problèmes financiers la compagnie passa sous le contrôle de Dan Air.

Skyways Cargo Airlines

La compagnie a commencé ses activités sous le nom d'Air Freight, comme agent de Skyways avant de lui racheter trois DC3. Après la liquidation de Skyways en 1971, les vols passagers continuèrent avec Dan Air, les vols cargo furent repris Skyways Cargo Airlines, avec deux lignes régulières cargos qui étaient assurées depuis Lydd vers Beauvais et Anvers. Elle avait absorbé South West Aviation en 1973 et suite à une restructuration le nom devint Skyways Aviation. La flotte en 1975 comportait sept DC3 et environ 150 personnes étaient employées.

Skyways Aviation

A partir de 1976, les vols à la demande se sont poursuivis sous la nouvelle appellation. Les moyens étaient deux Faichild FH 227 et quatre DC3. Puis la compagnie s'orientera vers la formation.

Southern International Air Transport

Création en juillet 1974 pour assurer des vols cargos depuis Londres-Gatwick vers l'Europe, l'Afrique et le Moyen-Orient. La flotte comportait en 1978 deux Vickers « Viscount ». L'activité s'est arrêtée en 1980.

Starways

La compagnie débuta ses activités en 1948. Elle commença les liaisons régulières en 1955 entre Londres et Liverpool, en plus des vols à la demande. Les moyens aériens comprenaient quatre DC3. En 1959, les vols réguliers touchaient Liverpool, Londres, Manchester ainsi que Newquay avec ses deux DC4 et trois DC3. A partir de 1961, Starways utilisa deux DC6, un Vickers « Viscount » et trois DC4. Le 31 décembre 1963 British Eagle reprit Starways.

Suckling Airways

Création en 1986 par Roy et Merlyne Suckling à Ipswich. La première liaison régulière fut effectuée vers Manchester le 24 avril 1986 avec un Dornier DO 228. Celui-ci dégradant la piste en herbe d'Ipswich, en raison des pluies fréquentes, les vols furent transférés à Cambridge. En 1996, depuis l'aéroport de Luton, Suckling desservait Paris, Waterford, Amsterdam et Cambridge.

En 1998 des DO 328 furent mis en service notamment depuis le London-City Airport. En1999, Suckling Airways avait transporté 110 000 passagers. Cette même année la compagnie fut reprise par « Stage Coach ».

TEA UK
Création par les anciens dirigeants d'Orion Airways après la fusion avec Britannia Airways en 1989, en partenariat avec TEA Belgique. Avec le naufrage du groupe belge TEA, la compagnie changera de nom en 1992 et deviendra Excalibur.

Tempair International Airlines
C'était une filiale de Templewood Aviation, qui avait surtout une activité de location d'avions avec équipage (wet lease) qui avait été mise sur pied en 1972. Elle disposait de deux Boeing 707 et deux Boeing 720.

<u>Thomas Cook Airlines</u>
La création date de 2003 avec le changement de nom de JMC qui résultait de la fusion de Flying Colors Airways et Caledonian Airways en 1999. Le 31 mars 2003 un nouveau nom est proposé avec Thomas Cook Airlines. En 2007, la fusion de Thomas Cook et My Travel group conduit à l'absorption de My Travel Airways. Le groupe avait aussi trois compagnies en Europe, Condor en Allemagne, Thomas Cook Scandinavia, Thomas Cook Balearic Islands, qui seront regroupées.
La flotte à la fin de 2017 comprenait :vingt et un Airbus A321, sept Airbus A 330-200, quatre Boeing 757. La faillite de Monarch Airlines a conduit le group à récupérer plusieurs Airbus

Statistiques :

Année	Passagers	Nb de vols	Cx d'occupation %
2015	6 395 000	30 601	91,8
2016	6 623 000	32 208	89,8
2010	8 120 000	37 571	931
2005	9 320 000	47 287	89,9

<u>Thomson Airways</u>
Voir TUI Airways

Thomsonfly

Elle porta le nom de Britannia Airways jusqu'en 2005. Sa flotte en en 2007 comprenait dix Boeing 737-300, treize 737-800, quatorze 757-200 et neuf 767. En 2007 Thomson fly a transporté 9 444 000 passagers. En 2008, Thomsonfly fusionna avec First Choice Airways pour former Thomson Airways.

Tradair

Ses débuts ont eu lieu en 1957 à Londres- Southend. En 1959, la compagnie a commencé modestement les liaisons régulières avec des vols entre Londres-Southend et Groningen aux Pays-Bas, en plus des vols à la demande avec sa flotte de huit Vickers « Viking ». En 1960 la compagnie ajouta deux Vickers « Viscount » à sa flotte. En 1961 son réseau comporta aussi Maastricht. Des problèmes financiers conduisirent à l'arrêt des activités en 1962 avec un transfert partiel à Channel Airways.

Tradewings Airways

Fut une création en novembre 1968 de Charles F Hughesden pour effectuer des vols cargos à la demande au départ de Londres-Gatwick. En 1975 elle disposait de cinq Canadair CL 44. En 1977 la compagnie fut reprise par le groupe Lonrho. En 1979 elle mettait en ligne trois Boeing 707-320C et trois Canadair CL 44.

Transair

Elle assurait en 1954 des vols entre Paris et Londres-Croydon pour la presse et le courrier, ainsi que vers plusieurs villes allemandes. Les vols « tout compris » étaient nombreux. Une flotte comportant neuf DC 3 était en ligne en 1955. En 1957, elle avait été reprise en partie par Airwork et avait bénéficié de contrats pour transporter des militaires et leurs familles entre Londres, Malte, la Libye et Gibraltar. En 1958, elle mettait en ligne trois Vickers « Viscount » et dix DC3. Le 1er juillet 1960 elle fut intégrée au groupe British United Airways.

Trans European Airways

Début des activités depuis l'aéroport de Swansea en mai 1959, avec un transfert vers Coventry en mai 1960. Son ambition était de développer les vols à la demande et quelques lignes régulières depuis Coventry,

Birmingham, Newcastle, l'ile de Wight, Swansea, Exeter... Elle assurait un certain nombre de vols au départ de Berlin. Il faut rappeler que les compagnies des trois pays vainqueurs étaient les seules autorisées à se poser à Berlin-Ouest.

Ses moyens aériens comportaient deux « Constellation », un Bristol 170 et deux DH 89 « Dragon Rapide ». En 1962 un administrateur judiciaire fut nommé suite aux problèmes financiers. La compagnie continua ses activités sous le nom de Trans European Airways Trading en utilisant trois « Constellation ».

Transmeridian Air Cargo

Création en 1962 de Trans Meridian (London) par le groupe Keegan, pour assurer des vols cargos charters dans le monde, avec pour commencer un DC4. En 1970 elle est devenue Transmeridian Air Cargo. Elle avait racheté British Air Ferries en octobre 1971, qui assurait des vols transmanche.

En 1978, le groupe Cunard avait acquis la participation de Keegan. En 1978 elle disposait d'un Canadair « Conroy », de deux DC8-50 F et six Canadair CL 44. L'année 1979 a vu la fusion avec IAS Caro Airlines pour former Heavylift Cargo Airlines.

TUI Airways-Thomson Airways

L'histoire de Thomson Airways est longue. Britannia Airways était devenue ThomsonFly en 2005 et fusionna en 2008 avec First Choice Airways pour former Thomson Airways.

Thomson Airways, du groupe allemand TUI, est la plus importante compagnie charter en Grande-Bretagne où elle emploie plus de 18 000 salariés. Son activité est d'assurer les vols vers une centaine de destinations surtout en Europe, dont vingt-quatre au Royaume-Uni, mais aussi dans les Caraïbes et l'Océan Indien.

La flotte comporte : trente trois Boeing 737, quatorze Boeing 757, quatre Boeing 767 et onze Boeing 787. Dix sept avions étaient en attente de livraison fin 2017.

Statistiques :

Année	Nb de passagers	Nb de vols
2005	15 508 000	82 913
2010	10 965 000	56 522
2013	10 548 000	54 926
2016	10 942 000	55 245

Les vols de First Choice Airways sont inclus de 2005 à 2007

Tyne-Tees Air Charter

En 1962 la compagnie assurait des vols charters au départ de Newcastle avec deux DH « Dove ». En 1963 elle changea son nom pour Tyne Tees Airways et utilisait trois DC3.

Varsity Express

C'est la plus courte histoire d'une compagnie au Royaume-Uni. Elle assura quelques vols entre Oxford et Edimbourg du 1er mars 2010 au 8 mars 2010, avec un Jetstream 31 de Links Air !

Virgin Atlantic Airways

L'origine de la compagnie vient du projet de Randolph Fields et Alan Hellary de desservir les iles Falkland, en créant British Atlantic Airways. Le projet fut transformé par Richard Branson en Virgin Atlantic Airways, qui effectua son vol initial le 22 juin 1984 entre Londres-Gatwick et New York-Newark. Le développement fut important et Virgin posa ses avions sur de nombreux aéroports de part le monde. En 2018 la compagnie dessert une dizaine de villes aux USA, ainsi que notamment Bombay, Shanghai, Johannesburg, Lagos.

Au cours des années elle a formé des filiales : Virgin Sun pour les vols vers la Méditerranée, Virgin Atlantic Little Red fut lancée, après la reprise de BMI par la British Airways. BMI apportait des passagers en correspondance à Heathrow ; Virgin put acheter les créneaux horaires que les autorités avaient exigé de BMI d'abandonner et Virgin lança quatre Airbus 320 sur des liaisons vers Aberdeen, Edimbourg et Manchester. Les coefficients de remplissage ne dépassant pas les 40% les lignes furent abandonnées en 2015.

Virgin Atlantic Airways fut la propriété du groupe Virgin pendant une longue période. Ensuite Singapore Airlines prendra 49% du capital. Cette participation sera cédée en 2012 à la compagnie américaine Delta Airlines. En juillet 2017 Air France, partenaire de Delta dans l'alliance « Skyteam » a pris 31% du capital, le groupe Virgin conservant 20% et sir Richard Branson restant le Président.

La flotte de Virgin au début de 2018 comprend : huit Airbus 330-300, huit Airbus A340-600, huit Boeing 747 et dix-sept Boeing 787. Douze Airbus A350 sont attendus. Six Airbus 380 avaient été commandés mais l'ordre a été annulé.

Statistiques :

Année	Passagers (millions)	Nombre de vols	Cx d'occupation
2016	5 400 000	21 882	77,7
2015	5 700 000	27 147	76,8
2010	5 500 000	19 484	82,5
2005	4 500 000	17 637	74,3

Boeing 747-400 de la Virgin Atlantic Airways

A330 de la Virgin Atlantic Airways

Virgin Atlantic International Airways

En novembre 2015 ce fut le lancement avec deux Airbus 330 d'une compagnie dédiée aux liaisons entre Londres et les Caraïbes (Barbade, Ste Lucie, Antigua).

Virgin Express

La compagnie tient son origine dans EBA (EuroBelgian Airlines) qui stoppa ses activités en 1996 et fut repris par Virgin. L'essentiel du trafic se faisait au départ de Bruxelles vers une vingtaine de villes en Europe, dont Londres-Heathrow, Londres-Gatwick, Nice, Milan, Copenhague, Barcelone, Madrid. Une flotte de dix Boeing 737 était mise en œuvre. Un rapprochement fut négocié avec Brussels Airlines et entériné le 3 août 2008.

Virgin Sun Airlines

Création en mai 1999 avec deux bases, Londres-Gatwick et Manchester, pour proposer des vols « vacances » qui étaient réalisés avec deux Airbus 320, puis avec deux autres avions. Pour se différencier des compétiteurs, Virgin Sun proposait un service de bord plus attractif, selon les leçons de marketing de sir Richard Branson. En 2001 la compagnie fut cédée à Air 2000 devenue First Choice Airways.

Westpoint Aviation

Compagnie dont la création eut lieu en 1961 à Exeter pour assurer des vols à la demande. Avec trois DC 3 elle assurait des vols entre Londres et Exeter, ainsi qu'entre Lille et Londres pour Air France.

World Wide Aviation

Cette création remonte à juillet 1960 pour proposer des vols à la demande sur de longues distances, depuis sa base de Londres-Gatwick, avec deux DC4. Elle fut mise en liquidation en 1963.

XL UK Airlines

Ce transporteur est apparu sur le marché en 1994 sous le nom de Sabre Airways. Elle deviendra Excel Airways en 2004 suite à l'investissement du groupe Avion. Une fusion ave la compagnie islandaise Air Atlanta Europe apporta trois Boeing 747 à la flotte. Le 11 septembre 2008 c'est le naufrage du groupe Leisure qui laissa 90 000 passagers en rade… XL UK Airlines utilisait une flotte assez importante comprenant dix-sept Boeing 737, cinq Boeing 767 et trois Boeing 747.

Yorkshire European Airways

Suite à la disparition de Capital Airlines qui était basée sur l'aéroport de Leeds, Yorkshire European Airways fut formée à l'été 1992. Elle se positionna sur plusieurs liaisons vers Aberdeen, Southampton, Belfast en utilisant deux Embraer « Bandeirante ». A la fin du mois de février1993, les problèmes financiers ont conduit à la suspension des activités.

Zoom Airlines

Cette compagnie était le pendant en Grande-Bretagne de la compagnie Zoom Airlines au Canada. Elle commença les vols transatlantiques vers New York et les Bermudes en août 2007, avec des extensions sur San Diego, Fort Lauderdale, Guyana, etc. Elle mettait en ligne trois avions, un Boeing 757 et deux Boeing 767. Les opérations furent arrêtées en août 2008. Une très brève expérience qui se solda par un gros passif !

Personnalités : de John Alcock à sir Franck Whittle

De nombreuses personnalités ont eu un rôle direct ou indirect important dans l'histoire de l'aviation commerciale britannique. Un certain nombre de celles-ci sont évoquées ci-après.

Alcock John (1892-1919)

Il passa son brevet de pilote en novembre 1912, puis devint pilote de courses automobiles pour Sunbeam... Il fut pendant la Première Guerre mondiale un combattant dans la Royal Navy. En 1917, il devint pilote pour la RAF. Lors d'un raid de bombardement en Turquie son appareil fut abattu et il fut fait prisonnier par les turcs. Après la guerre il sera pilote pour Vickers. Son nom reste associé à A.W Brown avec lequel il réussit la première traversée de l'Atlantique Nord, les 14 et 15 juin 1919, entre Terre Neuve et l'Irlande. Ils mettront 15 heures et 57 minutes pour effectuer les 3 000 kms. Ils avaient décollé en surcharge avec 3 900 litres d'essence dans leur Vickers « Vimy », un bombardier conçu pendant la guerre doté de deux moteurs de 360 CV. John Alcock sera victime d'un accident d'avion mortel près de Rouen en 1919.

Bamberg Harold (1923-2003)

Ce natif d'Australie vint combattre en Europe pendant la Seconde Guerre mondiale. En 1948 il participe à la création d'Eagle Aviation avec deux avions depuis Londres-Blackbushe. La compagnie participa au pont aérien de Berlin, puis assura des transports de militaires vers l'Asie et l'Océanie, ainsi que de nombreux vols charters en Europe. En 1960 la compagnie était devenue un acteur important avec des vols au départ de Londres-Heathrow, notamment les premiers vols intérieurs en 1963 en concurrence avec la BEA. La baisse de la demande conduira à la liquidation en 1968.

Barnwell Franck Sowter (1880-1938)

Après des études en Ecosse, il devint rapidement le responsable de la conception des avions de la société Bristol. Il sera victime d'un accident d'avion, sur un monomoteur de sa conception.

Billing Noel Pemberton (1881-1948)

Né à Hampstead, il quitta sa famille à treize ans, se rendit en Afrique du Sud, combattit pendant la guerre des Boers. De retour en Angleterre il gagna un pari avec sir Frederick Handley Page, en obtenant sa licence de pilote en 24 heures ! Il fut un des fondateurs de Supermarine. Il fut aussi membre du Parlement.

Blackburn Robert (1885-1955)
Après une formation d'ingénieur à l'Université de Leeds, il construisit son premier avion en1909. Il créa la Blackburn Aeroplane Company en 1914. Il construisit plusieurs usines durant la Première Guerre mondiale. Sa société sera impliquée surtout dans les avions militaires. Il avait lancé des vols toutes les demi-heures entre Leeds et Bradford et créa avec des avions en surplus de la guerre la North Sea Aerial Navigation Company pour assurer des vols entre Londres et Leeds ainsi que quelques vols cargos vers Amsterdam.

Brabazon Lord John Theodore Cuthbert Moore 1st baron of Tara (1884-1964)
Ancien élève de Harrow, stagiaire chez Charles Rolls, il fut une figure légendaire de l'aviation britannique, puisqu'il fut le premier anglais à piloter un avion, après un passage chez Voisin en 1908. Il effectua le premier vol en Angleterre le 2 mai 1909. Il obtint la licence de pilote n°1.
Il vola pendant la Première Guerre. Après celle-ci, il devint parlementaire de 1918 à 1929 puis de 1931 à 1942. Sir Winston Churchill le nomma ministre des transports en 1940, puis ministre de la production d'avions en 1941. Au début de 1943, pendant la bataille de Stalingrad, il souhaita que les allemands et les soviétiques se détruisent mutuellement…il fut obligé de démissionner.
Il deviendra président du comité portant son nom, qui sera chargé de définir les programmes d'avions civils qui seront construits après le conflit.
Il fut aussi président de l'Air Registration Board.

Branson sir Richard (1950-)
Le flamboyant homme d'affaires britannique s'est intéressé aux affaires dès l'âge de seize ans. Après des études médiocres, « *vous finirez en prison ou milliardaire* » lui aurait dit un de ses enseignants…
Il détient avec le groupe Virgin le contrôle de plus de quatre cents sociétés, souvent en pratiquant une bonne optimisation fiscale… Après les disques « Virgin », il s'intéressa à l'aviation avec Virgin Atlantic qui eut beaucoup de problèmes en concurrençant British Airways sur ses grandes lignes, en

particulier vers les USA ; ce qui donna lieu à un procès que gagna Richard Branson et obligea le président de la British Airways, lord King, à démissionner. Il persévéra en constituant Virgin America, qui deviendra Virgin Blue, puis Virgin Australia. Il s'intéressa aussi aux chemins de fer avec Virgin Rail qui exploite la West Coast Line.

Bristow Alan Edgar (1923-2009)
Après un passage dans la marine, ce qui lui donna le triste destin d'être torpillé deux fois pendant la guerre, il devint pilote. Après la guerre il travaillera chez Westland, puis à la création de Bristow Helicopters, un gros exploitant des voilures tournantes très impliqué dans l'exploitation pétrolière de la mer du Nord. Il deviendra en 1968 le président de la BUA (British United Airways).

Britten John (1928-1977)
Après des études au Royal Naval College de Darmouth, il commença ses activités chez de Havilland où il rencontra Desmond Norman. Ensemble ils créeront Britten-Norman en 1953. Après les déboires de la société, il formera Britten Aviation Technology Service et s'impliquera dans la conception d'un avion léger en métal, le « Sheriff ».

Brown Arthur Whitten (1886-1948)
Il fut le partenaire de John Alcock pour la première traversée de l'Atlantique Nord les 14 et 15 juin 1919. Il était né à Glasgow de parents américains et prendra la nationalité britannique en 1914. Il combattra comme observateur dans l'aviation, sera abattu deux fois, fait prisonnier. Après le conflit il entra chez Vickers, où on lui proposa d'être le navigateur de John Alcock pour la traversée de l'Atlantique. Il continua sa carrière chez Vickers. Il combattra au début de la Seconde Guerre mondiale, mais devra mettre fin à ses activités en raison de graves problèmes de santé.

Camm sir Sydney (1893- 1966)
Il s'intéressa très jeune à l'aviation et devint un spécialiste des maquettes d'avion. En 1923, il entra chez Hawker dont il devint rapidement le responsable de la conception des avions. Il en créa cinquante-deux qui donneront une production de 26 000 appareils ! Il fut un des responsables de la conception de l'avion « Hurricane », un chasseur mythique de la

Seconde Guerre mondiale. A la fin de sa carrière il sera impliqué dans la conception du « Harrier », un chasseur à décollage vertical.

Carter Georges (1881-1969)
Après ses études, il entra au bureau d'études de Sopwith, avant de rejoindre Hawker Engineering, puis Short et de Havilland. Il rentra en 1931 chez Gloster et rencontra Franck Whittle. De leur coopération naitra le premier avion à réaction britannique le « E28 » qui fit son premier vol en1941.

Chadwick Roy (1893-1947)
Il commença ses activités comme assistant d'A.V Roe avec lequel il concevra l'Avro D. Ensuite il assura la conception de tous les avions Avro. En 1925, il dessina le premier avion tout-métal anglais « l'Avenger ». Il sera en charge de la conception du bombardier « Halifax », puis de l'avion de transport « York », ainsi que du « Lancastrian ». A la fin de la guerre, il aura la charge du premier avion de transport pressurisé britannique : le « Tudor ». C'est en participant au premier vol du Tudor 2 qu'il décèdera le 23 août 1947.

Cunningham John (1917-2002)
Natif de Croydon, il effectue son baptême de l'air à l'âge de neuf ans, ce qui lui donnera la vocation.
Il entra comme apprenti chez de Havilland en 1936, passa rapidement son brevet de pilote, puis devint pilote d'essais sous les ordres du fils de Geoffrey de Havilland. Il assura les essais du DH 89. Pendant la guerre il aura une conduite brillante devenant Wing Commander. Après la guerre, il reviendra chez de Havilland. Il sera très impliqué dans les essais du « Comet ». A la fin de sa vie, il aura la mauvaise idée d'investir son patrimoine dans les Lloyds, sera ruiné et connaitra des moments difficiles pour terminer sa vie.

Cobham sir Alan (1894-1973)
Il fut membre du Royal Flying Corps pendant la Première Guerre mondiale. Il devint le premier pilote de la société De Havilland en 1921. En 1925/1926 il effectua un aller retour entre Londres et le Cap. Puis il effectua un aller et retour vers l'Australie en partant le 30 juin 1926, qui le

ramena le 1ᵉʳ octobre. Il fut un des fondateurs du fabricant « Airspeed ». Il créa sa compagnie aérienne, Cobham Air Routes, qui assura des vols entre Londres et les iles Anglo-normandes en 1935. Il vendit son entreprise à Olley Air Services.

D'Erlanger sir Gerard (1905-1962)

Il commença ses activités aéronautiques avant la Seconde Guerre mondiale à British Airways. Pendant la guerre il créa l'Air Transport Auxiliary qui avait pour mission d'assurer tous les transferts d'avions entre les usines, les bases, les points de réception de vols transatlantiques. De nombreuses femmes furent engagées comme pilotes par cette organisation. Il fut le président de la BOAC de1956 à 1960.

De Havilland sir Geoffrey (1882-1965)

Fils d'un pasteur, il reçut une formation technique. Il s'intéressa d'abord à l'automobile, puis rapidement fut acquis à l'aviation. Son premier avion s'écrasa au bout de quelques mètres… En 1912 il a battu le record d'altitude avec plus de trois mille mètres de hauteur.

Il rejoindra Airco où il concevra des avions qui auront la marque DH. Ses avions seront impliqués dans les combats de la Première Guerre mondiale au sein du Royal Flying Corps, puis dans la RAF.

Airco, repris par BSA, sera liquidée rapidement. En 1920 de Havilland va créer De Havilland Aircraft Company. En 1933 la société va s'agrandir à Hatfield. Pendant la guerre, le « Mosquito » sera une redoutable arme de combat. Les effectifs passeront de 5 000 à 38 000 personnes !

Il avait développé des avions commerciaux avant la guerre avec les DH 84/86/89. Après la guerre ce seront les « Comet » avec les tragédies connues. Le destin frappera également Geoffrey de Havilland dont le fils sera tué pendant les essais du DH 108 « Swallow ». Il était le cousin de deux stars de cinéma, Olivia de Havilland et de Joan Fontaine.

Fairey sir Charles Richard (1887-1956)

Il commença à travailler dès l'âge de quinze ans suite au décès de son père. Il fut très performant dans les installations électriques. Il devint un spécialiste des maquettes d'avion, ce qui le conduisit chez Short en 1911. Il travailla sur des recherches pour l'avion sans dérives. Il créa en 1915

Fairey Aeroplane avec Ernest Oscar Tips après son départ de chez Short. Il resta à la tête de Fairey jusqu'en 1956.

Edwards sir Georges Robert Freeman (1908-2003)
Après des études techniques, il entra au bureau d'études de Vickers en 1935 et en devint le chef en 1945. Il fut ensuite Directeur Général de Vickers-Armstrong, et anobli en 1957. Avec la fusion constituant la British Aircraft Corporation, il devint Directeur Général de la compagnie puis son président en 1963 jusqu'en 1975.

Folland Henry Philip (1889-1954)
Il commença comme apprenti à Lanchester Motor Company. En 1908 chez Daimler il s'intéressa aux moteurs d'avions. Il travailla ensuite au Royal Aircraft Establishment de Farnborough, il fut chef du bureau d'études de Gloster Aircraft. En 1937, suite à la fusion avec Hawker, Folland racheta British Marine Aviation qu'il rebaptisa Folland Aircraft.

Guthrie sir Giles Connop Meuchern 2nd baronnet (1916-1979)
Après des études à Eton et Cambridge, il s'intéressa très jeune à l'aviation et passa son brevet de pilote à dix-sept ans. Il devint pilote professionnel en 1937. Pendant la guerre il vola pour la Royal Navy Fleet Arm. Il devint administrateur de la BEA et en même temps de la BOAC, dans l'optique de préparer les esprits à la fusion. Il fut président de la BOAC de 1963 à 1968. Il eut à mettre de l'ordre dans les finances de la compagnie, qui avait été obligée par le gouvernement d'acquérir des avions britanniques, plus coûteux en exploitation que leurs homologues américains.

Haji-Ioannou sir Stelios (1967-)
Citoyen cyprio-britannique, fils d'un armateur, il sut s'impliquer dans le développement des compagnies « low cost » en créant EasyJet en 1995. La compagnie lança des vols entre Londres-Luton et l'Ecosse avec deux avions loués. Le succès fut immédiat et en 2017 la compagnie a transporté 80 millions de passagers !
Le groupe Easy est actif dans Easycar, Easybus, Easyhotel... En 2011 sir Haji-Ioannou a lancé Fastjet une compagnie « low cost » en Afrique de l'Est.

Hamilton David-David 14th Duke of Hamilton (1903-1973)

Né à Pimlico, après des études à Eton et Oxford, ce membre de la haute société britannique se passionna pour l'aviation au sein de la RAF. Il devint chef d'escadrille à vingt-huit ans. En avril 1933, sous le nom de Lord Clydesdale, il fut le premier à survoler et faire le tour de l'Everest, avec le colonel Steward Blacker. Ce vol fut effectué sur un biplan Westland PV6, montrant toute l'importance de la pressurisation des appareils pour résister au manque d'oxygène et au froid. L'avion avait décollé de Punia en Inde. Il devint par la suite administrateur de Scottish Aviation.

Lord Hamilton fut présent aux JO de Berlin en 1936 où il rencontra le dauphin d'Hitler, Rudoph Hess. Celui-ci, le 10 mai 1941, se fit parachuter en Ecosse et demanda à rencontrer Lord Hamilton en voulant proposer de sa propre initiative, une paix séparée. Il fut emprisonné aussitôt. Lord Hamilton termina sa carrière comme Air Commodore.

Handley Page sir Frederick (1885-1962)

Ce natif de Cheltenham avait une formation d'ingénieur et a fondé Handley Page en 1910. Il assura la production de nombreux appareils, en particulier des bombardiers pendant les deux guerres mondiales, mais aussi des avions civils comme le HP42 qui sera un des fleurons de la ligne Paris-Londres dans les années 1920. Après 1945, ce seront le HP « Hermes », le HPR3 « Herald », le HPR7 « Dart Herald » et le HP 31« Jetstream ».

Harrison Barbara Jane (1945-1968)

Cette jeune hôtesse de l'air fut honorée de la « George Cross » à titre posthume. Elle eut un comportement exemplaire qui permit le sauvetage de nombreux passagers, lors de l'accident survenu le 8 avril 1968 à un Boeing 707 de la BOAC sur l'aéroport de Londres-Heathrow. Suite à l'explosion d'un moteur, peu après le décollage, l'avion fit demi-tour et l'équipage réussit à poser l'appareil qui prit feu après l'atterrissage. Barbara Jane Harisson resta jusqu'au bout pour sauver les passagers, mais ne put se sauver elle-même, en cherchant à aider une passagère handicapée.

Hawker Harry George (1889-1921)

Il était natif d'Australie et vint au Royaume-Uni en 1911. Il entra comme mécanicien chez Sopwith, passa son brevet de pilote en 1912, ayant été lâché en solo après trois vols…

Il devint rapidement le chef pilote de Sopwith. Il tenta la traversée de l'Atlantique en 1919 avec son équipier Grieze, mais ils échouèrent après quatorze heures de vol. Avec Sopwith et deux autres partenaires il créa Hawker Aircraft en 1920. Il se tua dans un accident sur un Nieuport le 12 juillet 1921.

Instone sir Samuel (1878-1937)

Cet entrepreneur britannique qui dirigeait la compagnie maritime S. Instone, créa en 1919 avec son frère un transporteur aérien « Instone Airlines ». Celle-ci deviendra en 1924 une des composantes d'Imperial Airways.

Keeling Sir John (1895-1992)

Il fut pendant la Seconde Guerre mondiale un responsable du ministère de la production aéronautique. Il fut anobli en 1952. Il était également le vice président de la BEA à partir de 1947.

Kearley Daphne (1916-2007)

Alors qu'elle travaillait comme secrétaire pour Air Dispatch, on lui proposa d'être hôtesse sur le vol que la compagnie assurait vers Paris. Elle devint le 16 mai 1935 la première hôtesse de l'air britannique. Elle assura sa fonction pendant six mois avant de reprendre son métier de secrétaire.

King Lord John, baron King of Wartnaby (1917-2005)

Ce fils de facteur commença à travailler à douze ans et après différents petits métiers créa une compagnie de taxis. Il devint plus tard un homme d'affaires réputé, fut anobli en 1979, président des chefs d'entreprises britanniques et devint baron en 1983. Margaret Thatcher qui l'appréciait beaucoup lui demanda de redresser la British Airways, qui cultivait le déficit avec délice… En moins de dix ans il en fera une entreprise privée et rentable. Richard Branson qui était un concurrent coriace devint sa cible favorite ; mais il alla un peu loin dans le dénigrement, ce qui fit condamner la British Airways et conduisit au départ de son président en 1993.

Kirtleside Lord Douglas of (1893-1969)

William Sholto Douglas 1st baron Douglas of Kirtleside a été pilote pendant la Première Guerre mondiale, puis instructeur entre les deux conflits. En 1940 il devint commandant de la chasse britannique et eut un rôle important pendant la bataille d'Angleterre. Il devint en 1946 le commandant des forces britanniques en Allemagne. Il fut anobli le 17 février 1948 et devint le Président du Conseil d'Administration de la BEA en 1949. Il le resta pendant quinze ans.

Lidbury sir John (1913-1994)

Il rejoint Hawker en 1940, en devint secrétaire général en 1948, puis deviendra le Directeur Général en 1952. Il aura à gérer la période difficile de l'après guerre, où les commandes étaient plus rares et les moyens difficiles à rentabiliser. Il sera anobli en 1971 et finira sa carrière comme vice président de Hawker-Siddeley en 1974.

Knollys Lord Edward George William Tyrwhitt (1895-1966)

Né dans la haute société britannique, éduqué à Harrow et à Oxford, il combattit pendant la Première Guerre mondiale, en particulier dans la RAF et fut décoré de la Distinguished Flying Cross, ainsi que de la Croix de Guerre. Il devint le président de la BOAC entre 1943 et 1947.

Johnson-Mollison Amy (1903-1941)

Elle fut brevetée pilote en 1929. Son nom, avec celui de son mari Jim, est associé à des records et des raids. Elle vola en solo de Londres jusqu'en Australie en 1932. Elle effectua le raid Londres-Le Cap le 18 novembre 1932 en quatre jours six heures et cinquante trois minutes, soit dix heures et vingt neuf minutes de moins que son mari Jim ! Son avion était un DH 80 avec un moteur de 105 CV. Elle décéda dans un accident d'avion.

Laker sir Freddy (1922-2006)

Il était né Frederick Alfred Laker à Canterbury. Il fut pilote pendant la Seconde Guerre mondiale. Après celle-ci, il continua à piloter tout en lançant une entreprise de surplus américains « Aviation Traders », qui fit de l'entretien et des conversions de bombardiers en appareils civils. Le pont aérien de Berlin, nécessitant de disposer de tous les avions disponibles au Royaume-Uni, fut très bénéfique pour son activité. En 1954, il travailla à la création de Channel Air Bridge puis, suite à une fusion, il deviendra directeur général de la compagnie British United Airways.

En 1966, ce sera la création de Laker Airways. En 1977, il lança le « Skytrain » au-dessus de l'Atlantique Nord. Ce service minimum à prix cassés eut un grand succès. Sir Freddie commanda des avions supplémentaires et devint un compétiteur dangereux. Une coalition d'une dizaine de compagnies se forma contre lui et Laker déposa le bilan le 6 février 1982.

Lewis Cecil Arthur (1898-1997)

Il a rejoint le Royal Flying Corps en 1915 et sera un pilote très impliqué dans la bataille de la Somme. Après le conflit, il sera recruté en 1920 par Vickers pour développer l'aviation en Chine. Il participa à la création de la ligne Pékin-Shanghai avec des Vickers « Vimy » convertis à un usage civil. Si les chinois commandèrent cent avions, quarante furent livrés et seulement sept mis en service…

Il fut aussi un journaliste, un scénariste et un écrivain réputé.

Lloyd John (1898-1978)

Né près de Swansea, il devint apprenti, passionné par l'aviation. La Première Guerre mondiale le verra occupé au Royal Aircraft Establishment de Farnborough. Il deviendra ensuite le responsable de la conception des avions Armstrong-Withworth. Il sera à la création du quadrimoteur « Atalanta » pour Imperial Airways, puis l'AW 38, un bombardier qui fut utilisé par la BOAC comme avion cargo.

McCall Dame Carolyn (1961-)

Née à Bangalore (Inde), elle vient terminer ses études en Angleterre à l'Université du Kent. Elle travailla notamment pour le Guardian. Elle est Docteur Honoris Causa de l'Université de Cranfield.

Elle dirigea la compagnie EasyJet de 2010 à 2017. Elle partit ensuite animer un groupe de télévision.

Mayo Robert Hobart (1891-1957)

Aprés des études au Magdalene College de Cambridge, ce surdoué en sciences devint à vingt-quatre ans responsable du département techniques expérimentales à la Royal Aircraft factory.

Il devint pilote pendant la Première Guerre mondiale. Après celle-ci, il poursuivit comme consultant, notamment pour Imperial Airways, dont il devint le responsable technique en 1936. Cet ingénieur fut remarqué par son idée de faire porter un avion de raid surchargée en carburant, par un hydravion Short S30, ce qui permettait de faciliter la mise vol.

Miles Frederick Georges (1903-1976)

Cet ingénieur a conçu un certain nombre d'avions. Dès 1920 il s'intéresse à l'aviation et construira un avion le « Gnat » qui ne volera pas… Il sera à la création d'une école de pilotage puis au sein de la société Phillips et Powis à la conception et la fabrication d'avions. Il reprendra l'entreprise en 1941 qui sera rebaptisée Miles Aircraft en 1943.

Mitchell A J (1895-1937)

Ce grand technicien de l'aéronautique britannique est devenu une légende. Il entra chez « Supermarine » en 1917, dont il devint rapidement le responsable des études et le directeur technique en 1927. Il conçut vingt quatre modèles d'hydravions. En 1929, pour la reprise par Vickers, une des conditions posées fut qu'il reste à son poste. Son avion le plus fameux fut le « Spitfire ».

Nelson sir George Horacio (1887-1962)

Cet ingénieur qui avait reçu une formation de spécialiste de l'électricité devint en 1930, le Directeur Général d'English Electric, avant d'en devenir le Président en 1933. Il le resta jusqu'en 1962. Il avait été anobli en 1943.

Norman Nigel Desmond (1929-2002)

Il était le fils de sir Nigel Norman. Il fit des études à Portsmouth puis aux USA en raison de la guerre, et enfin à Eton. Il rencontra John Britten lors de son passage chez de Havilland. Ils créèrent Britten- Norman et firent même ensemble une traversée de l'Atlantique en voilier. Après le changement d'actionnariat en 1971 chez Britten-Norman, il continua à s'intéresser à l'aviation. Son dernier projet fut le « Skylander », une amélioration de l' « Islander » que la société française Geci avait lancé, avec un soutien financier public mais qui se solda par un échec.

McFadzean sir Franck
Après des études à Glasgow et à la London School of Economics, il fut fonctionnaire puis la guerre le conduisit en Egypte, d'où il revint avec le grade de colonel. Il sera directeur général de Shell, puis sera nommé Président de la British Airways en 1976, puis Président de Rolls Royce en 1979.

Masefield sir Peter (1914-2006)
Il fit des études, notamment à Chillon en Suisse. Il passa sa licence de pilote en 1937, conçu le train d'atterrissage du Fairey « Swordish » au début de la guerre. Il fit du journalisme, puis mobilisé il participa à des bombardements sur l'Allemagne à bord de B 17. Il fut remarqué par Lord Beaverbrokk qui le prit dans son équipe. Il l'accompagna à Washington pour la création de l'OACI, resta à l'ambassade un certain temps, ce qui le conduisit à signer l'accord aérien des Bermudes entre les USA et le Royaume-Uni. A trente cinq ans en 1949, il devint le directeur général de la BEA, à la demande de son président lord Douglas. Il y resta sept ans et s'opposa au projet de fusion entre la BEA et la BOAC. Puis il dirigea un temps Beagle, une société qui devait relancer l'aviation légère anglaise.
Il fut un dirigeant de Bristol mais, contrarié dans sa volonté de vendre des « Britannia » par les retards de mise au point des moteurs, il quitta le groupe. Il devint en 1965 le président de la BAA (British Airports Authority) qui regroupait les aéroports de Heathrow, Gatwick, Stansted et Glasgow-Prestwick. La volonté du parlement de construire un nouvel aéroport à Maplin verra son opposition devant cette « folie ». Il deviendra Directeur Général de la British Caledonian. Il fut anobli en 1971.

Mollison James dit Jim
Natif de Glasgow il fut un pionnier de l'aviation. Il fut à vingt deux ans instructeur pilote. Il rencontra sa femme en Australie et la demanda en mariage huit heures après leur rencontre… Il fit de longs vols en particulier en 1933 il relia Londres au Brésil en trois jours et treize heures, en faisant un vol de Thiès au Sénégal, et à Natal au Brésil.

Moon Edwin Rowland (1886-1920)

Ce fut un pionnier de l'aviation britannique. En 1910, il construit le « Moonstream II », doté d'un moteur de 20 CV. Il effectua ses vols sur le futur aéroport de Southampton. Pendant la guerre il fera des vols de reconnaissance et, suite à un accident, sera fait prisonnier. Le 29 avril 1920, il sera victime d'un accident mortel au cours d'un vol d'instruction.

North John Dudley (1893-1968)

Il commença ses activités d'ingénieur aéronautique chez Claude Graham Aviation avant d'être recruté par Boulton Paul en 1917. Il y resta toute sa carrière, étant le concepteur de tous les appareils de la marque. Il termina sa carrière en devenant le Président.

Norway Neville Shute (1899-1960)

Ingénieur, pilote mais aussi auteur à succès sous le nom de Neville Shute. Il commença sa carrière chez de Havilland, la continua chez Vickers et s'intéressa aussi aux dirigeables. En 1931, il fonda Airspeed avec A. Hessel Tiltman. Ils développèrent l'avion de transport AS « Envoy » qui servit notamment d'avion pour la famille royale. Ensuite il développa l'avion « Oxford » puis l'avion « Anson ».

Olley Gordon Percy

Ce pilote, qui fut un as de la Première Guerre mondiale, sera le premier pilote à créer sa compagnie en 1934. Olley Air Services aura des liaisons au départ de Londres-Croydon vers Deauville, le Touquet, Bristol.... La compagnie sera cédée en 1953 à Morton Air Services.

Page sir Frederik William (1917-2005)

Cet ingénieur de talent entra chez Hawker en 1938 et participa aux différents programmes durant la guerre. En 1944, il rejoignit English Electric pour concevoir le « Canberra », le « Lightning » puis le « TSR 2 ». Avec les différentes fusions il devint le Président du British Aerospace group en 1978 et fut anobli en 1979.

Parker John Lancaster (1896-1965)

Ce jeune pilote entra chez Short en 1916 et fut remarqué par Horace Short pour ses qualités. Il deviendra chef pilote en 1918, à l'âge de vingt-deux ans ! Il sera aux commandes de tous les avions pour les essais. Il deviendra administrateur de Short de 1943 à 1958.

Pembenton Billing Noel 1881-1948

Il quitta l'école à treize ans, partit en Afrique du Sud, fit des petits métiers, entra dans la police montée, fut boxeur et participa à la guerre des Boers ! Il revint en Grande-Bretagne, ouvrit un garage puis s'intéressa à l'aviation. Il sera le fondateur de Pembenton-Billing. Quand il deviendra parlementaire, il revendra ses parts et avec les nouveaux actionnaires la société deviendra Supermarine.

Percival Edgar (1897-1984)

Né en Australie, il construisit son premier planeur à l'âge de quatorze ans ! Il vint pour participer à la Grande guerre puis repartit en Australie. Il en revint en 1929 et forma la Percival Aircraft Compâny.
Son appareil « Gull » fut construit et l'un d'entre eux relia la Grande-Bretagne à l'Australie en sept jours quatre heures et quarante quatre minutes. Edgar Percival fut un pilote de grand talent, reconnu par la profession. Il implanta une nouvelle usine à Luton en 1936 et l'entreprise fut rachetée par Hunting en 1944. Edgar Percival prit ensuite la nationalité américaine.

Pierson Reginald Kirshaw (1891-1948)

Il entra chez Vickers dès 1911. En 1917 il assura la conception du bombardier « Vimy » qui après la guerre traversa l'Atlantique Nord avec Alcock et Brown en 1919. Ce fut le grand ingénieur de Vickers, entre les deux guerres, on lui doit notamment le « Vespa », le « Wellesley », plus tard le « Wellington » un bimoteur qui eut un rôle important pendant la Seconde Guerre mondiale.

Reith sir John (1885-1971)

Il fut un des personnages importants de la BBC à partir de 1922. Il fut président d'Imperial Airways puis de la BOAC. Il devint ministre de l'information en 1940.

Rolls sir Charles (1877-1910)

Ce pionnier de l'automobile et de l'aéronautique venait d'un milieu aisé et fit des études notamment au Trinity College de Cambridge. En 1896, il achète sa première voiture, une Peugeot. Puis ce fut la création de CS Rolls en 1903 pour la distribution de voitures. Le 14 octobre 1904 il rencontre Henry Royce qui avait construit les voitures Royce. Ils décident la création de Rolls-Royce par la fusion de C S Rolls et de Royce le 23 décembre 1904. Charles Rolls fut le premier britannique à mourir dans un accident d'avion le 12 juin 1910.

Royce sir Frederick Henry (1863-1933)

Il fit de courtes études, devant travailler tôt pour des raisons matérielles. Il aura différentes activités avant de créer une petite entreprise dans le secteur de l'électricité, qui connaitra une bonne réussite.

En 1904 il fabriqua sa première voiture puis en produisit deux autres et rencontra Charles Rolls.

Rylands Erick (1909-?)

Il avait acquis la compagnie Lancashire Aircraft Corporation avec David Brown et, en mars 1952, il prit le contrôle de Skyways. Il eut un rôle important dans son développement, en particulier dans la création des vols « avions+autocar » entre Londres et Paris, via Lymphe et Beauvais.

Short (les trois frères)

- Oswald (1883-1969)

  Il fut avec ses frères Eustace et Oswald à la création de Short Brothers. Il s'intéressa initialement aux ballons avec son frère Eustace

- Eustace (1875-1932)

  Il s'intéressa à l'aviation par les ballons qu'il produira après en avoir acheté un d'occasion. Avec ses frères il viendra progressivement aux avions.

- Horace (1872-1917)

  Horace avait la réputation d'être un génie et aura une vie courte, mourant à quarante-quatre ans, mais bien remplie. Très intelligent il s'intéressa rapidement à l'aviation mais sera auparavant directeur d'une mine d'argent au Mexique, explora le Rio de la Plata avec R

L Stevenson (l'auteur de *l'Ile au trésor*), y sera fait prisonnier par des peuplades primitives qui le considéreront comme un Dieu... Il reviendra en 1896 en Grande-Bretagne pour travailler avec ses deux frères.

En 1906 après avoir vu le vol des frères Wright en France, ils comprendront que le temps des ballons était fini et que l'avenir était aux avions...

Sintes Yvonne (1930-)

D'origine sud africaine, elle fut la première femme contrôleur aérien au Royaume-Uni, puis elle sera la première femme commandant de bord. Elle travailla pour Dan Air.

Slattery sir Matthew (1902-1990)

Il fera une carrière comme officier de marine mais aussi comme pilote. De 1948 à 1952, il fut directeur chez Short puis sera Président de la BOAC dans les années 1960.

Smallpece Basil

Il est né à Rio de Janeiro, son père travaillant dans une banque. Il aura une formation de comptable et deviendra un manager expérimenté. Il fut un des dirigeants de la BOAC de 1950 à 1963. Il eut la responsabilité de l'acquisition et de la mise en service des jets « Comet », « Boeing 707 » et « Vickers VC10 ». Il quitta la compagnie pour travailler pour la Cunard line.

Sopwith sir Thomas Octave Murdoch (1888-1989)

Il effectua son premier vol de pilote en 1910 et obtint rapidement sa licence. En 1912, il fonda Sopwith Aviation avec Fred Sigrist. La société recevra en novembre 1912 sa première commande militaire. Pendant la guerre 1914-1918, Sopwith Aviation produira 18 000 avions ! Pour d'obscures raisons financières, la compagnie se mettra en faillite. Thomas Sopwith avec Harry Hawker et Fred Sigrist formeront Hawker Aircraft qui sera intégrée ensuite à Hawker Siddeley. En dehors de l'aviation Thomas Sopwith avait la passion de la voile et participa à la coupe de l'« America » en 1934.

Stainforth G H

Il entra dans la RAF en 1923. En 1928, il fut affecté au département des vols expérimentaux. Il établit le record du monde de vitesse le 29 septembre 1931 avec 657,76 km/h sur un hydravion S6B à Portsmouth. Il fut donc le premier à dépasser la barrière des 400 miles à l'heure (640 km/h).

Thomas sir Miles (1897-1980)

Après ses études il fut militaire et combattit en Afrique de l'Est, puis comme pilote en Egypte, en Mésopotamie, en Perse, au sud de la Russie ; il reçut la « DFC » (Distinguished Flying Cross). Il sera Président de la BOAC de 1949 à 1956. Il aura à faire face aux conséquences des drames liés aux accidents des « Comet ».

Thomas George Holt (1869-1929)

Ce fut un pionnier de l'aviation. Il s'intéressa à l'aéronautique dès 1906, s'associera avec les frères Farman pour produire leurs appareils sous licence et embauchera un jeune ingénieur du nom de Geoffrey de Havilland... Il créera AIRCO (Aircraft Manufacturing Company) qui produira de nombreux avions pendant la Première Guerre mondiale, un toutes des quarante cinq minutes, avec plus de sept mille salariés. Il lancera la compagnie aérienne Aircraft Transport and Travel qui commencera ses vols le 25 septembre 1919 et les terminera en novembre 1920.

Thomson Adam (1926-2000)

Après un passage dans la Fleet Air Arm, il devint pilote pour la BEA, puis chez West African Airways. En 1961, il lança sa compagnie, la Caledonian Airways, qui deviendra un succès et lui permettra de reprendre la British United Airways.

La légende dit qu'au moment où il négociait un prêt pour l'achat d'un avion à New York, il fut appelé par sa compagnie lui disant *« le commandant de bord d'un vol au départ de New York est malade, il faut le remplacer et vous êtes le plus proche.* Il s'exécuta…

Tiltman A Hessel (1891-1975)

Après des études à la London University, il rejoignit Geoffrey de Havilland en 1916. Il fut un des fondateurs de la société Airspeed dont il assura la conception d'une quinzaine d'avions. Il concevra le planeur lourd « Horsa » qui sera utilisé pour transporter des troupes en juin1944 pour le débarquement en Normandie.

Trubshaw Brian (1924-2011)

Il s'engagea dans la RAF en 1942 et participa aux combats en 1944. Après la guerre, il devint l'un des pilotes de la famille royale. Puis il travailla pour Vickers. Il effectua le premier vol du Vickers « VC 10 » le 22 juin 1962. Il fut rendu célèbre en faisant décoller le Concorde construit en Grande-Bretagne le 9 avril 1969.

Verdon-Roe sir Edwin Alliot (1877-1958)

Il eut une jeunesse aventureuse qui le conduisit au Canada. Il fit différents petits métiers puis il devint mécanicien sur différents paquebots. De retour en Angleterre, il s'intéressa à l'aviation, rencontra Charles Rolls, puis il construisit son premier avion en 1907 et ensuite l'« Avroplane » en 1910 qui était un avion triplan. Il sera le fondateur de la société Avro en 1910 avec son frère Humfrey, par la contraction d'Alliot Verdon Roe pour donner A.V Roe. Il vendra la société en 1928 pour racheter Saunders qui deviendra Saunders-Roe. Il fut anobli en 1929. Il était engagé politiquement très à droite. Il perdra deux fils pendant la Seconde Guerre mondiale.

Wakefield sir Wavell

Il fut le président de Skyways à la fin des années 1950.

White sir George 1st Baronet (1854-1916)

Homme d'affaires, il fut le fondateur de Bristol avec son frère Samuel. Il fut très impliqué dans les transports, assurant en particulier la création du réseau des tramways de Bristol.

Whittle sir Franck (1907-1996)

Ingénieur de la RAF, il est considéré comme l'un des pères du moteur à réaction, l'autre étant l'allemand Hans von Ohain. Pas soutenu par la RAF, il créa la société Power Jets avec la participation de la société Thomson-Houston. Son premier moteur tourna en 1937. La société fut nationalisée en 1944. En 1948, Sir Frank Whittle quitta l'armée avec le grade d'Air Commodore et devint conseiller de la BOAC.

Les avions britanniques : d'Airco à Westland

Airco

Airco pour Aircraft Manufacturing Company.

La société produisit des avions pendant la Première Guerre mondiale, en particulier sur des conceptions de Geoffrey de Havilland comme l'appareil DH 4. Airco avait plus de 7 000 personnes travaillant pour elle pendant la Première Guerre mondiale. Repris par BSA en 1919, elle sera liquidée peu après.

Airspeed

Création de la société par A Hessell Tiltman et Neville Shute Norway en 1931. La société deviendra une filiale du constructeur de Havilland en 1941 mais conservera son autonomie. Sa production pendant la guerre sera considérable avec 10 000 « Anson », 3 800 planeurs lourds « AS51 » et « AS 58 » pour le transport de troupes. En 1951 Airspeed sera totalement intégrée au sein de la société de Havilland.

AS 5 Courier

Ce monomoteur de 305 CV était destiné au transport léger pour six passagers et un pilote. Il volait à 210 km/h sur 1000 kms. Il effectua son premier vol le 11 avril 1933, fut produit à seize exemplaires qui furent mis en service par Channel Airways, North Eastern Airways et Cobham Air Route.

AS 6 « Envoy"

Cet avion de transport léger avait été conçu pour six passagers et un pilote. Il fit son premier vol le 26 juin 1934 et resta en service jusqu'en 1951. Il était doté de deux moteurs Armstrong Siddeley de 345 CV, lui assurant une vitesse de 300 km/h et un rayon d'action de 1000 kms. Il fut utilisé par les militaires mais aussi par Olley Air Services et South African Airways. Sa production porta sur cinquante-deux exemplaires.

AS « Ferry »

Cet appareil datant des années 1930, était doté de trois moteurs de 120 CV et pouvait transporter dix passagers, à une vitesse de 160 km/h sur une distance de 540 kms. Quatre appareils furent produits.

AS « Consul »

Une adaptation civile du Oxford dont 8 751 exemplaires furent produits pendant la Seconde Guerre mondiale. Doté de deux moteurs de 395 CV, il pouvait transporter six passagers ou du fret à la vitesse de 240 km/h sur 1400 kms. Il fut utilisé par de nombreuses compagnies britanniques après la guerre.

AS 57 « Ambassador »

Il fut conçu à partir des recommandations du comité « Brabazon », qui prévoyait la production d'un avion pour les lignes européennes. Sa conception commença en 1945, avec une capacité de transport de 40 à 47 passagers. Le prototype fit son premier vol le 10 juillet 1947.

L'avion de série était doté de deux moteurs Bristol « Centaurus » de 2 600 CV qui lui donnait une vitesse de croisière de 370 km/h et un rayon d'action de 800 à 1900 kms, suivant la masse transportée. La BEA en commanda une vingtaine d'exemplaires. L'appareil avec ses ailes hautes donnant une bonne vue du paysage et sa silhouette fine, eut du succès auprès des passagers, mais moins auprès des compagnies aériennes, puisque seulement vingt avions ont été acquis par la BEA.

Il fut beaucoup utilisé par la BEA sous le nom de « Elizabethan », en hommage à la reine Elizabeth II qui avait été couronné en février 1952, quelques jours avant la mise en service de l'avion sur Paris-Londres le 13 mars. Il fut utilisé sur le réseau européen de la BEA et apparaissait plusieurs fois par jour au Bourget. La compagnie BKS l'utilisa ensuite. L'avion fit son dernier vol le 28 octobre 1971.

Aviation Traders Engineering

Création en 1947 par Freddie Laker comme société de ventes d'avions et de pièces de rechanges provenant des surplus américains de la guerre. En 1949, la maintenance fut ajoutée aux compétences de l'entreprise, le pont aérien de Berlin ayant été une source de besoins d'entretien avec les centaines d'avions mobilisés et aussi de profits ! La transformation de bombardiers en avions cargos et le remplacement par des moteurs Rolls Royce sur les DC4 firent la réputation de la compagnie. ATL assura la conversion de DC4 en Carvair. Elle s'intéressa au marché de remplacement du DC3 et proposa un prototype « l'Accountant ». En 1958, Freddie Laker céda ATL et Air Charter à Airwork.

ATL 90 « Accountant »

C'était un bi turbopropulseur équipé de Rolls Royce « Dart » de 1700 CV, pouvant transporter une trentaine de passagers sur 3 000 kms à la vitesse maximum de 450 km/h. Un seul exemplaire fut construit et vola pour la première fois en juillet 1957.

ATL 98 « Carvair »

L'appareil fut lancé pour répondre à la demande de sa filiale, Channel Air Bridge, de façon à remplacer le Bristol 170. Le souhait était d'avoir un appareil transportant cinq voitures et vingt-cinq passagers. Comme il n'existait aucun avion correspondant, ATL décida de transformer des Douglas DC4, dont un grand nombre était disponible. Le poste de pilotage fut surélevé et deux portes remplacèrent la pointe de l'avion. L'appareil transformé, qui avait plus de 35 000 heures de vol, fit son premier vol le 21 juin 1961. Il avait quatre moteurs Pratt et Whitney de 1 950 CV, une vitesse maximum de 340 km/h et une autonomie jusqu'à 3 500 kms. Le fuselage faisait 20,73 m de long pour les voitures et 3,71 m pour vingt-trois passagers. L'appareil pouvait aussi transporter 65 personnes en version passagers uniquement. La transformation porta sur vingt-trois avions qui furent utilisés par British United Air Ferries pour dix appareils, Aer Lingus trois, Aviaco trois, Air Transport deux.

ATL 98 « Carvair » de la British Air Ferries

Armstrong Whitworth

Les origines du groupe remontent à 1897 avec le rachat de Withworth par sir W.G Armstrong, une entreprise de constructions mécaniques. En 1913, un département aéronautique fut ouvert. En 1919, ce sera le rachat du fabricant de moteurs d'avions Siddeley Motors. En 1920, le groupe constitue deux entités : Armstrong Withworth avions et Armstrong Siddeley Motors. Le responsable de la conception des avions sera John Lloyd. En 1926, John Siddeley racheta Armstrong Withworth Aircraft pour en faire Armstrong Siddeley Developpement. En 1936, c'est Armstrong Siddeley Motors qui reprit l'ensemble pour former Hawker Siddeley avec Avro. En 1961, ce sera le rapprochement avec Gloster et l'unification sous la marque Hawker Siddeley en 1963.

AW 155 « Argosy »

Avion pour dix neuf passagers mis en service en 1926. Il était doté de trois moteurs AW Jaguar de 420 CV chacun. Il avait une vitesse maximum de 145 km/h, pour un rayon d'action de 800 kms. Il fut utilisé par Imperial Airways à sept exemplaires. Il volait surtout entre Londres-Croydon, Paris et Bruxelles. Il fut utilisé pour assurer une partie de la première liaison postale Londres-Karachi en mars 1929.

AW 15 « Atalanta »

Cet appareil était doté de quatre moteurs de 340 CV du type Armstrong Withworth « Serval 3 ».
Il volait à 190 km/h sur 1000 kms. Il fut produit à huit exemplaires en 1933 pour Imperial Airways qui les utilisa sur ses lignes des Indes (avec neuf passagers) et d'Afrique (avec onze passagers). L'avion pouvait transporter jusqu'à dix-sept personnes. Au début de la guerre, il restait cinq avions en service, qui furent repris par la BOAC puis par la RAF.

AW 27 « Enseign »

Il effectua son premier vol le 24 janvier 1938 et était doté de quatre moteurs de 1100 CV. Il pouvait transporter de vingt-sept à quarante passagers et cinq membres d'équipage. Sa vitesse de croisière était de 290 km/h et son rayon d'action de 2 200 kms. Il fut construit à quatorze exemplaires qui furent utilisés par Imperial Airways, BOAC, Air France et les militaires.

Armstrong Whitworth AW27Enseign d'Imperial Airways

AW 660 « Argosy »

Cet appareil destiné au transport de fret fit son premier vol en 1959 et la mise en service eut lieu en 1961. Il était doté de quatre turbopropulseurs Rolls Royce « Dart » de 2470 CV et avait une configuration bipoutre pour faciliter le chargement par l'arrière. Il volait à la vitesse de 410 km/h. Son rayon d'action était de 5 000 kms maximum. Il fut produit à soixante-quatorze exemplaires. Parmi ceux-ci, dix-sept furent à vocation civile, notamment pour la BEA, Riddle Airlines, Aer Turas, Elan, Saggitair, Air Bridge Carriers.

Armstrong Whitworth Argosy pour le fret

Avro

Création le 1er janvier 1910 de la société AV Roe par Alliot Verdon-Roe et son frère Humphrey. En 1913, de nouveaux investisseurs transforment la société en AV Roe et compagnie. L'avion Avro 504 sera construit à 8 340 exemplaires et fut le résultat de la conception de Roy Chadwick et Alliot Verdon Roe. Après la Première Guerre mondiale, les affaires furent plus difficiles et la compagnie fut reprise par Crossley Motors en 1928. Armstrong Siddeley Development reprendra ensuite l'entreprise et deviendra en 1935 une filiale de Hawker Siddeley Aircraft. Elle produira avant la guerre un petit avion de transport, le « Anson », qui fut utilisé notamment par Derby Aviation après la guerre. Pendant le conflit, près de sept mille bombardiers furent construits en particulier le « Lancaster » et le « Lincoln ».

Avro 618 « Ten »

Cet avion était issu de Fokker F VII B / 311 après un accord avec Fokker en 1928. Il était doté de trois moteurs de 240 CV donnant une vitesse de croisière de 160 km/h et un rayon d'action de 600 kms. Il pouvait transporter deux membres d'équipage et huit passagers. Il fut utilisé par Imperial Airways et Commercial Air Hire.

Avro 618 doté de trois moteurs

Avro 618 Version « 642/2m »
C'était une évolution de l'Avro 618 avec la même voilure, mais doté soit de deux moteurs de 450 CV, soit quatre moteurs 210 CV. Seulement un appareil de chaque type fut construit. Ils volèrent pour des lignes commerciales et pour la RAF. Après la guerre le Lancaster sera « civilisé » en « Lancastrian ».
C'était un quadrimoteur de 4 x 1635 CV pour neuf passagers et du courrier, mis en service en 1944. Construit à quatre-vingt-onze exemplaires, sa vitesse était de 370 km/h et son rayon d'action de 6 500 kms. Mis en service en 1943 pour les vols VIP, il fut utilisé par la BOAC à partir du 31 mai 1945 sur l'Atlantique et vers l'Australie avec treize passagers. Il sera également utilisé par la BSAA vers Buenos Aires, puis par Alitalia, Trans Canada Airlines. Son faible emport en passagers ne le rendait pas économique en exploitation. Le principal intérêt pour l'époque était un bon rayon d'action et une vitesse élevée.

Avro Lancastrian

« Anson »

Développé à partir du Avro 652 avant la guerre, il fut produit pour les militaires à plus de 11 000 exemplaires. Le type T20 avait deux moteurs Armstrong Siddeley « Cheetah » de 420 CV donnant une vitesse de croisière de 250 km/h pour un rayon d'action de 1000 kms.

Avro Anson 19 de la British South American Airways

Le « Tudor »

C'était un quadrimoteur pour vingt-quatre passagers, qui fut mis en service en 1947 par la British South American Airways. Il était propulsé par quatre moteurs de 1 600 CV, sa vitesse était de 420 km/h avec un rayon d'action de 5000 kms. Il était pressurisé apportant un avantage en exploitation et en confort avec la possibilité de voler au-dessus des perturbations. Trente huit avions ont été produits. Pendant la mise au point d'une version améliorée, le «Tudor 2 », Roy Chadwick le concepteur de l'appareil fut victime d'un accident mortel. Plusieurs avions furent perdus dans le triangle des Bermudes…

Avro 688 Tudor de la BSAA

« York »

Avion de transport de la RAF, il fit son premier vol le 5 juillet 1942 .Il a été construit largement à partir d'éléments du bombardier « Lancaster » avec un fuselage carré pour faciliter l'activité de transport de charges. L'aile haute rendait le chargement de l'avion plus aisé. Il était doté de quatre moteurs Rolls Royce « Merlin » de 1 620 CV, avec une vitesse de 325 km/h et une autonomie de 2 200 kms. La production porta sur 256 exemplaires jusqu'en 1948. La BOAC en utilisa jusqu'à quarante-trois et retira le dernier du service en 1957. Initialement il y avait douze passagers, puis dix-huit. Skyways fut un utilisateur important de l'appareil. A partir de 1951, et le retrait des appareils de la RAF, une trentaine d'avions rejoignirent les flottes de Skyways, Dan Air ou encore Hunting Clan.

Avro 685 York sur l'aéroport de Luton

Auster
Création en 1938 de Taylorcraft Aeroplanes (England) Ltd pour construire les appareils légers conçus par la maison mère aux Etats-Unis. Avec la guerre, mille-six-cents avions seront produits. Le nom changera pour Auster le 7 mars 1946. La société produira de nombreux appareils légers avec une ou deux places. Auster sera incorporée au sein de Beagle en 1961.

BAC (British Aircraft Corporation)
Création en 1960 par la fusion des compagnies English Electric Aviation, Vickers Armstrong, Bristol Aeroplane Company et Hunting. La British Aircraft Corporation sera intégrée à British Aerospace en 1977.

BAC 111
Son origine vient du projet développé par Hunting Percival P107 en 1956, dont la motorisation était au départ des Bristol « Orpheus » puis des Bristol Siddeley « BS 75 ». Après l'absorption en 1960 par la BAC, le projet devint en mai 1961 le BAC 111 avec des moteurs Rolls Royce « Spey ». La capacité était de soixante-neuf passagers. La première commande fut passée par la BUA et le 20 août 1963 eut lieu le premier vol de la version

200. Il fut mis en service le 9 avril 1965. Par la suite, quelques variantes 300/400 utilisèrent des réacteurs « Spey » de 51 kN de poussée. Vint ensuite la version 500 qui avait 4,22 m de longueur supplémentaire et des réacteurs de 57 kN pour une capacité de 89 à 119 passagers. L'appareil avait une vitesse de croisière de 750 km/h et une autonomie variant entre 1 400 et 2 700 kms. Le premier vol de cette version eut lieu le 27 août 1970. Au total, 246 avions furent construits, dont quelques-uns en Roumanie par Rombac. Plusieurs avions furent commandés par les militaires. Les principaux exploitants civils furent BUA, British Caledonian, British Island Airways, Braniff, British Airways, American Airlines, Tarom, Philippine Airlines, Mohawk Airlines.

Concorde

Le projet « Concorde » résulte d'un accord entre les gouvernements français et britannique du 29 novembre 1962. L'appareil a été construit par BAC (British Aircraft Corporation) et Sud Aviation. Il effectua son premier vol le 2 février 1969 et sera mis en service le 21 janvier 1976. Il terminera sa carrière le 26 novembre 2003. Il transportait cent passagers sur 6 200 kms, à la vitesse de Mach 2,02.

Il avait un équipage de trois personnes sur le plan technique et six pour le service commercial. Sur la vingtaine d'appareils produits, six seront utilisés par Air France et six par British Airways. Au début du programme, seize compagnies avaient pris des options sur soixante-quatorze avions, mais avec le temps celles-ci furent annulées. La crise de 1973, avec un fort accroissement du prix du pétrole, sera fatale au « Concorde », qui consommait 17 litres par passager pour 100 kms, alors qu'un Airbus 380 a besoin de moins de trois litres. Par ailleurs, l'impossibilité de survoler les zones habitées, en raison du bang dû au passage du mur du son, retira beaucoup d'intérêt à l'appareil.

Concorde de la British Airways

BAE British Aerospace

Elle a résulté de la fusion de la British Aircraft Corporation avec Hawker Siddeley et Scottish Aviation en 1977, suite à la nationalisation de l'industrie aéronautique.

BAE « Jetstream 41 »

Cette version du HP Jetstream 31 fut développée par BAE. L'avion a été conçu avec un fuselage allongé de 4,88 m pour recevoir vingt-neuf passagers. La motorisation était assurée par deux turbines Allied Signal de1 650CV lui assurant une vitesse de croisière de 480 km/h, avec un rayon d'action de 1 400 kms. La production a porté sur une centaine d'avions jusqu'en 1997. Le plus grand utilisateur est la compagnie britannique Eastern Airways.

BAE « ATP »

Cet appareil était une évolution de l'Avro 748. Il pouvait transporter soixante-quatre passagers. Il était équipé de deux moteurs Pratt et Whitney Canada de 2 600 CV, lui donnant une vitesse de croisière de 500 km/h et un rayon d'action de 1 800 kms. Il fit son premier vol le 6 août 1986 et fut mis en service en 1988. Il fut produit à soixante-quatre exemplaires. On compte parmi les utilisateurs British Airways, British Midland et British World Airlines.

BAE 146

Quadrimoteur dont la conception fut assurée par Avro qui produisit l'appareil jusqu'à l'absorption par BAE, qui continua la fabrication après la fusion de1977.

L'appareil fut décliné en trois versions :

- BAE 100   RJ 70

  Avec une capacité de 70 à 82 passagers.

- BAE 200   RJ 85

  Avec une capacité de 85 à 100 passagers.

- BAE 300   RJ 100

  Avec une capacité de 97 à 112 passagers.

La propulsion est assurée par quatre turbines Honeywell pour Avro et Lycoming pour BAE avec une puissance unitaire de 31,1kN. La vitesse de croisière était de 750 km/h et le rayon d'action était suivant les versions de 3 300 à 3 800 kms. La production fut de 387 appareils par Avro et 166 par BAE. La mise en service eut lieu en mai 1983 par Dan Air entre Londres et Berne. Parmi les nombreux utilisateurs Cityjet, Crossair, Pacific Southwest Airlines, Air Wisconsin. Un appareil fut équipé pour la famille Royale et la RAF fut un utilisateur.

BAE 146 de la British Airways

BAT

La compagnie British Aerial Transport Company a proposé à la sortie de la guerre 1914-1918 un avion destiné au transport aérien balbutiant, le FK 26. Il fut conçu par Frederick Koohoven. L'appareil était doté d'un moteur Rolls Royce de 350 CV lui donnant une vitesse maximum de195 km/h pour un rayon d'action de 1 000 kms, en transportant quatre passagers. Le premier vol eut lieu en 1919 et seulement quatre appareils furent produits, dont un par Instone Airlines.

Blackburn

Création en 1914 par Robert Blackburn, qui avait fabriqué son premier avion en 1908, et sera un fournisseur de la RAF pour des avions de reconnaissance, d'entraînement, de patrouille maritime et un des derniers modèles sera le Blackburn « Beverley » qui pouvait transporter des charges militaires ou quatre-vingt parachutistes. En 1937, il reprend Cirrus Hermes, un fabricant de moteurs d'avion, et en1949, il fusionne avec General Aircraft Ltd pour former Blackburn & General Aircraft.

Bristol

La société fut une création de sir George White en 1910, sous le nom de British & Colonial Aircraft Company. En 1959, sous les pressions gouvernementales, la société Bristol fut amenée à fusionner avec English Electric, Hunting et Vickers pour former la BAC pour British Aircraft Corporation.

Les avions civils produits par la société ont été assez nombreux :

47 « Tourer »
Ce monomoteur de 240 CV avec trois places fit son premier vol en 1919. Il volait à la vitesse maximum de 190 km/h sur 600 kms.

62 « Ten seater »
Monomoteur de 450 CV qui a été certifié le 14 février 1922. Il volait à la vitesse maximale de175 km/h. Instone Air Lines l'utilisa entre Londres et Paris pendant quelques mois.

« Type 170 »

Bimoteur conçu à la fin de la guerre pour le transport de voitures et de passagers, qui a été mis en service en 1948. Il fut largement utilisé par Silver City Airways pour ses vols entre l'Angleterre et Calais, le Touquet, Ostende.

- Version 21 qui pouvait transporter deux voitures et vingt passagers
- Version 32 plus longue de 1,65m pour le transport de trois voitures et vingt passagers.

Il était équipé de deux moteurs de 2 000 CV. La vitesse de croisière était de 260 km/h pour un rayon d'action de 2 000 kms.

Bristol 170 de la Silver City Airways

« Britannia »

Le modèle « 175 » correspondait à une demande de la BOAC en 1947 pour un quadrimoteur long courrier, initialement avec des moteurs à pistons puis avec des turbopropulseurs Bristol Siddeley « Proteus ». Le premier vol eut lieu le 16 août 1952 et les appareils pour la BOAC furent livrés et mis en service le 1er février 1957 sur les lignes d'Amérique du Sud, puis d'Australie. La BOAC souhaitant mettre l'appareil sur ses lignes de l'Atlantique Nord une nouvelle version « 312 » fut développée avec des moteurs « Proteus » de 4 120 CV, puis de 4 450 CV lui donnant une vitesse de croisière de 575 km/h et un rayon d'action de 7 000 kms. La mise en service eut lieu le 19 décembre 1957. Le nombre d'avions fabriqués a été de quatre-vingt-cinq. El AL et Canadian Pacific notamment furent des utilisateurs du « Britannia ». Cet appareil performant eut sa carrière rapidement arrêtée par l'arrivée des jets qui étaient plus rapides, même si certains vols New York-Londres ont été effectués en moins de neuf heures. Il sera retiré de service par la BOAC en 1965 et largement utilisé ensuite par les compagnies privées britanniques.

Bristol 175 Britannia de la Monarch Airlines

Bristol 175 Britannia de la Cubana de Aviacion

Boulton Paul
Création en 1934 d'une activité « aviation » au sein d'une entreprise industrielle ancienne. Le constructeur développa un certain nombre

d'avions avec pour concepteur John Dudley North : Le « P71 A ». Cet appareil fut développé pour le transport du courrier à partir du projet « Mail Plane ». Il fut construit seulement à deux exemplaires en 1935. Il était doté de deux moteurs de 490 CV, lui donnant une vitesse de 240 km/h pour un rayon d'action de 950 kms. Imperial Airways qui avait lancé le programme l'abandonna. En version passagers il pouvait emporter treize passagers. Boulton Paul produisit aussi le « Baillol » un avion d'entraînement et le P111A un avion à réaction mono réacteur de recherche. La société fut rachetée par Dowty en 1961

Beagle

Création en 1960 de la British Executive & General Aviation Ltd, par la société Pressed Steel Company avec le rachat d'Auster Aircraft et FG Miles. Le but était la production d'avions légers. En 1965, la British Motor Corporation reprit Pressed Steel et ne souhaita pas poursuivre l'activité aéronautique. La société fut reprise par le gouvernement puis, devant les besoins importants de financement, décida la liquidation en 1969.

Britten Norman

Rencontre en 1947 de John Britten et Nigel Desmond Norman alors qu'ils travaillaient chez de Havilland. Ils construiront ensemble le BN1 « Finibee ». En 1953, ce fut la création de la société Britten-Norman qui s'implanta sur l'ile de Wight. Ils travaillèrent sur un avion de transport léger pour neuf passagers, avec des capacités de décollage court. Ce fut le BN2 « Islander » qui effectua son premier vol le 13 juin 1965 et sera mis en service le 13 août 1967. L'avion sera produit en Grande-Bretagne, en Roumanie et en Belgique par la Sonaca. L'usine était implantée à Lee on Solent. Elle sera aussi impliquée dans la production des véhicules sur coussins d'air « Hovercraft », utilisés sur les lignes traversant la Manche en particulier. Le « Trislander » complétera l'Islander en emportant dix-huit passagers. En 1971, Britten-Norman, en difficultés financières, sera reprise par Fairey Aviation. En 1978, la société passera sous le contrôle d'Oerlikon-Buhrle, propriétaire de « Pilatus ». Pendant l'année 1998, Litchfield Continental reprendra la compagnie pour la revendre rapidement à Biofarm. Au total plus de 1 250 avions ont été produits pour cent-vingt pays.

« Islander »

Ce bimoteur rustique conçu par Britten et Norman pouvait transporter neuf passagers. Doté de deux moteurs Lycoming 260 CV, il volait à 250 km/h avec un rayon d'action de 1400 kms. La production porta sur 1 280 appareils.

« Trislander »

Ce court-courrier pour 16/17 passagers avait été conçu avec trois moteurs, améliorant les performances de l'Islander dont il était issu. Il était équipé de trois moteurs Lycoming de 260 CV lui donnant une vitesse 260 km/h pour une autonomie de 600 kms. La production a porté sur soixante-douze appareils. Il fut largement utilisé par les compagnies de troisième niveau parmi lesquelles : Aurigny Air Services, Loganair et Air Seychelles.

De Havilland

Constructeur fondé en 1920 par Geoffrey de Havilland. La société construira de nombreux avions, pour les usages civils et militaires. Pour les civils la série des DH 84/86/89 avant la guerre, puis les avions de transports légers « Dove » et « Heron » à la sortie du conflit. Ensuite ce sera l'aventure malheureuse des « Comet » dans les années 1950. En 1960, Hawker Siddeley reprendra de Havilland mais lui laissera son autonomie jusqu'en 1963. Elle avait encore des projets avec le triréacteur DH 121 qui sera le HS 121 « Trident » et le biréacteur d'affaires DH 125 qui deviendra le HS 125 puis le BAE 125.

« DH 18 »

Monomoteur bi plan de 450 CV qui effectua son premier vol en 1920. Il avait une vitesse de 150 km/h pour un rayon d'action de 640 kms, en transportant huit passagers. Ce fut le premier avion construit par de Havilland spécifiquement pour un usage commercial.

« DH 34 »

Monomoteur biplan de 450 CV, il succéda au DH 18. Il emportait dix passagers et deux membres d'équipage. Il volait à 170 km/h sur 600 kms. Il fut mis en service en 1922 entre Croydon et Paris. Douze exemplaires furent produits pour Daimler Airways, Imperial Airways et Instone Airlines.

« DH 84»

Ce bimoteur pour le transport de six passagers fit son premier vol le 12 novembre 1932. Il était équipé de deux moteurs DH « Gipsy » de 130 CV, lui donnant une vitesse de croisière de 165 km/h avec un rayon d'action de 700 kms. Il fut utilisé par de nombreuses compagnies comme Hillman Airways, son premier utilisateur, Air Dispatch, British Airways, ainsi notamment que British Continental Airways.

DH84 Dragon

« DH 86 »

Quadrimoteur biplan pour dix passagers conçu à la demande de la compagnie Qantas pour relier l'Australie à Singapour. Il disposait de quatre moteurs DH « Gipsy Six » de 200 CV. Il volait à 230 km/h sur 1 200 kms. La production porta sur soixante-deux exemplaires. Il fut mis en service en 1934 et utilisé par Qantas en Australie, au Royaume-Uni par Bond Air Service, Imperial Airways.

DH 89 « Rapide »

Bimoteur biplan doté de deux moteurs DH « Gipsy » de 400 CV pour six à huit passagers et un pilote qui a fait son premier vol en 1934. Sa vitesse maximum était de 250 km/h pour une autonomie de 900 kms. Il fut construit à 730 exemplaires jusqu'en 1946 et utilisé par de nombreuses compagnies aériennes avant et après la guerre ainsi que par les militaires.

DH89 Dragon rapide

DH91 Albatros de la BOAC

DH 66 « Hercules »

C'était un trimoteur de chacun 420 CV qui effectua son premier vol le 30 septembre 1926. Il fut commandé à cinq exemplaires par Imperial Airways pour ses lignes long-courriers. Il réalisa son premier vol commercial le 27 décembre 1926 depuis Londres-Croydon vers Delhi, où il arriva le 8 janvier 1927. Il volait à 200 km/h avec un rayon d'action de 800 kms. Il pouvait transporter sept passagers avec un équipage de trois personnes.

DH66 Hercules de la compagnie Imperial Airways

DH 95 « Flamingo »

Cet appareil de transport était doté de deux moteurs de 930 CV, il avait une capacité d'emport de dix-sept passagers. Sa vitesse de croisière était de 320 km//h, son rayon d'action 2 000 kms. Il fut construit à quatorze exemplaires. Le premier vol eut lieu le 22 décembre 1938, la mise en service le 13 juillet 1939. La BOAC, British Air Transport et la RAF pendant la période des conflits ont été ses principaux utilisateurs. Le dernier exemplaire vola jusqu'en 1950.

DH95

DH 104 « Dove »

Ce bimoteur de transport pour huit à dix passagers fit son premier vol le 25 avril 1945 et fut mis en service en novembre 1946 par Central African Airways. La production porta sur 542 avions jusqu'en 1967. Il était doté de deux moteurs DH « Gipsy Queen » de 380 CV lui donnant une vitesse de 280 km/h et un rayon d'action de 1 400 kms. Il fut utilisé par de très nombreuses compagnies parmi lesquelles British Midland, Morton Air Services et Channel Airways.

DH104 Dove

DH 114 « Heron »

Ce quadrimoteur pour dix-neuf passagers était une évolution du DH « Dove ». Il effectua son premier vol le 10 mai 1950 et fut mis en service en 1953. Il était équipé de quatre moteurs « Gipsy Queen » de 250 CV. Sa vitesse était de 260 km/h et son rayon d'action de 1 500 kms. Sa production a été de cent-cinquante exemplaires. Il fut utilisé par la BEA, UAT Aéromaritime. La puissance des moteurs étant un peu faible, des conversions furent faites aux Etats-Unis, en particulier par Riley pour doper les performances de l'appareil.

DH114 Heron de la Jersey Airlines

DH « Comet1 »

Le comité « Brabazon » avait recommandé de réaliser un appareil à réaction pour relier les principales villes du Commonwealth. Le 25 juillet 1949, le premier vol eut lieu et la BOAC avait commandé neuf avions Comet1. Il était doté de quatre moteurs DH « Ghost » de 20 kN de poussée, puis pour la version 1A la poussée était de 22 kN. La vitesse était de 740 km/h pour une autonomie de 2 400 kms. Les premiers vols eurent lieu vers Johannesburg en mai 1952, vers Colombo en août de la même année, ensuite Tokyo fut ajouté en octobre. Malheureusement le drame arriva, avec plusieurs accidents survenus à la compagnie BOAC, qui conduisit le fabricant à retirer l'avion du service au début de 1954. Air France et la compagnie française UAT ont aussi mis en service l'appareil sur leurs lignes. La version DH « Comet 2 » fut utilisée par la RAF après le renforcement de la structure du fuselage, qui avait été la cause principale des accidents.

DH Comet 1 de la BOAC

DH « Comet 4 »

L'appareil fut développé dès les années 1950, avant l'arrêt de l'exploitation du DH « Comet1 ». Des améliorations importantes furent introduites dans la conception de l'appareil, en particulier en renforçant la cellule qui avait connu des faiblesses en exploitation. La version « Comet 4 » fit son premier vol le 27 avril 1958. Il était équipé de quatre réacteurs Rolls Royce « Avon » de 47 kN et fut mis en service le 4 octobre 1958 sur la ligne Londres-New York , trois semaines avant le Boeing 707 de la Pan Am… la vitesse de croisière était de 840 km/h et le rayon d'action 5 100 kms. La version « 4B » pouvait transporter cent-un passagers. L'appareil fut produit à soixante-quatorze exemplaires notamment pour la BOAC, BEA, Aerolineas Argentinas, East African Airways, Olympic Airways, Kuwait Airways, Mexicana, United Arab Airlines. La production de l'avion se poursuivit avec le « Nimrod », un avion de patrouille maritime.

Comet 4 de la BOAC

Comet 4 de la BOAC

English Electric

Ce groupe, dont la création remonte à la fin de la Première Guerre mondiale, sera impliqué dans la production de nombreux équipements électriques, puis se diversifia dans les locomotives, les turbines puis les avions. Deux appareils seront importants dans l'histoire de la société : le biréacteur « Canberra », puis le chasseur « Lightning ».

Le « Canberra » était un bombardier léger avec deux réacteurs Rolls Royce « Avon » de 36 kN. Il fit son premier vol le 13 mai 1949 et fut construit à mille-cinq-cents exemplaires, dont quatre-cents aux Etats-Unis. Sa construction permettra d'avancer les études pour la production des avions de transport.

Le « Lightning » était un chasseur supersonique doté de deux moteurs Rolls Royce « Avon » donnant 55 kN et 71 kN avec post combustion. Sa vitesse était de Mach 2. Sa production au sein d'English Electric, puis au sein de la British Aircraft Corporation, sera une bonne expérience pour le Concorde développé par la BAC. La partie non aéronautique sera fusionnée avec GEC en 1968.

Fairey Aviation Company

Création de la société par Charles Henry Fairey en 1915, avec Ernest Oscar Tips un technicien belge qu'il avait rencontré chez Short. La société se développpa pendant et après la Première Guerre mondiale, surtout avec des avions marins. Fairey s'intéressa à deux projets commerciaux :

Le « FC1 »

C'était un quadrimoteur de chacun 1 000 CV, destiné au transport de vingt-six passagers sur 2 700 kms à une vitesse de 360 km/h. Le début de la Seconde Guerre mondiale arrêta les travaux alors que quatorze avions étaient en commande.

« Rotodyne »

Une autre recherche conduisit au « Rotodyne » qui était un appareil du type autogyre, à décollage très court, avec deux moteurs Napier de 2 800 CV pouvant transporter de quarante à cinquante passagers. La BEA avait passé une commande pour six exemplaires de l'appareil, qui avait fait son premier vol en 1957. Les performances non concluantes n'ont pas permis son exploitation.

Fairey développa aussi le modèle « AS 6 » puis « AS7 », des monomoteurs spécialisés dans la recherche sous marine. Son appareil le plus abouti fut le « Gannet » avec un double moteur et une double hélice. La branche aéronautique fut reprise par Westland en 1960. Le groupe poursuivit d'autres activités mais fut mis en faillite en 1977.

Folland Aircraft

Création en 1937 par le rachat de British Marine Aviation Ltd par Henry Folland qui la rebaptisa Folland Aircraft et dans un premier temps assura des fabrications en sous-traitance pour Bristol. Le premier avion conçu par Folland sera le type « 108 » un appareil expérimental. L'équipe de Folland sera renforcée par l'arrivée de W E W Petter qui avait conçu le « Lysander », le « Canberra » et le « Lightning ». Folland produira le « Midge » puis le « Gnat » un chasseur qui ne sera pas retenu par la RAF. Elle fusionna avec Hawker Siddeley en 1959.

General Aircraft Ltd

Création en 1931 de ce fabricant d'avions légers. Il produira pendant la guerre le planeur lourd GAL 49 « Amilcar » à trois-cent-quarante-quatre exemplaires. La société fusionnera avec Blackburn en 1949.

Gloster Aircraft

La compagnie exista de 1917 à 1963. Elle développa en particulier le « Javelin » un chasseur tous temps biréacteur, puis le « Météor ». En 1961, la société fut rapprochée d'Armstrong-Withworth, puis en 1963 avec Avro.

Handley Page

Le 17 juin 1910 à Barking, création de la société à l'initiative de Frederick Handley Page qui sera anobli plus tard. La compagnie se mettra en liquidation volontaire en 1970. Pendant la Première Guerre mondiale Handley Page produira des bombardiers et après la fin du conflit certains seront convertis en appareils civils. Le modèle O/400 deviendra le V/1500 qui sera mis en service par la compagnie qui avait été formée, Handley

Page Transport, sur la ligne Londres-Paris. La compagnie sera intégrée dans Imperial Airways en 1924. En 1929 Handley Page s'installa à Roslett. Ensuite c'est le développement du HP 42. Pendant la Seconde Guerre mondiale la compagnie reviendra à la production de bombardiers en particulier le HP57 « Halifax » qui était très performant. Après la guerre, la compagnie reviendra aux appareils civils avec une adaptation civile du « Halifax » et sa variante « Halton », puis avec le quadrimoteur « Hermes ». Handley Page développera aussi le bombardier à réaction « Victor ». En 1947, Handley Page avait repris des actifs de Miles en faillite sous la forme d'une compagnie HPR (Reading). Miles avait développé le « Marathon » un quadrimoteur de transport léger qui deviendra le HPR 1 « Marathon » (voir à Miles pour les caractéristiques). Puis Handley Page tentera de se faire une place dans les avions civils pour les courtes distances avec le HPR3 « Herald » et le HPR7 « Dart Herald ». Le dernier appareil qui a été développé par Handley Page a été le bi turbopropulseur « Jetstream 31 ».

Handley Page Halton

« HP 42 »

C'était un biplan quadrimoteur de chacun 490 CV pour quinze passagers qui a été mis en service en 1931. Sa vitesse était de 160 km/h pour une autonomie de 800 kms. Il sera largement utilisé par Imperial Airways, en particulier sur Londres-Paris. L'utilisation par Imperial Airways se fera pendant dix ans sans accident !

Un Handley Page HP42 de la Imperial Airways

Un Handley Page HP42 de la Imperial Airways

« Halifax/Halton »

Avec la fin de la guerre le bombardier « Halifax » qui avait un bon rayon d'action trouva une application civile et cent-quarante-sept appareils furent enregistrés dans ce but. Il était utilisé surtout pour le cargo, sa capacité en passagers n'étant que de dix seulement. La variante « Halton » fut plus civilisée avec une grande porte d'accès et des hublots plus larges, améliorant la vision des quelques passagers. Une douzaine de « Halton » furent utilisés par la BOAC vers l'Afrique. Les avions avaient quatre moteurs Bristol Hercules de 1 670 CV leur donnant une vitesse de 420 km/h et surtout un rayon d'action de 4 000 kms. Ces avions participèrent au pont aérien vers Berlin en 1948.

« Hermes »

C'était un quadrimoteur avec des moteurs Bristol Hercules de 2 020 CV, le propulsant à 400 km/h sur une distance de 3 200 kms, avec quarante passagers et qui fut utilisé jusqu'à soixante passagers. Il a été conçu à partir de 1944 à la demande de la BOAC. Après des problèmes de mise au point et la perte du prototype, la version « Hermès 4 » fit son premier vol le 5 septembre 1948 et sa mise en service eut lieu en 1950 par la BOAC sur ses lignes africaines. Il resta seulement deux ans avec la BOAC avant de servir avec les compagnies privées britanniques en particulier Airwork, Silver City, Skyways, Falcon Airways.

Un Handley Page 81 Hermes de la compagnie Silver City

Un Handley Page 81 Hermes de la compagnie Britavia

Le HPR3 « Herald » et le HPR7 « Dart Herald »
La société avait commencé à développer un appareil pour les lignes courtes
à partir des études de Miles qui avait conduit au « Marathon », un
quadrimoteur pour vingt passagers. Le HPR 3 « Herald » sera initialement
un quadrimoteur à moteurs à pistons Alvis Leonides pour trente passagers
qui fit son premier vol le 25 août 1955 et bénéficia d'une trentaine de
commandes. Mais, le succès du « Viscount » et l'arrivée du Fokker F27
avec ses deux turbopropulseurs « Dart », décida Handley Page à changer la
motorisation pour proposer un bi turbopropulseur avec aussi des Rolls
Royce « Dart », comme son concurrent hollandais. Le nouveau prototype
décolla pour la première fois le 11 mars 1958. La capacité passa à
quarante-quatre passagers en allongeant d'un mètre le fuselage, puis
cinquante-six dans la version modifiée 200. La propulsion était assurée par
deux Rolls Royce « Dart » de 2 105 CV, lui donnant une vitesse de 430
km/h et un rayon d'action de 1 100 kms. La version 100 fut vendue à neuf
exemplaires et la version 200 à trente-six. Parmi les utilisateurs : BEA,
Autair, Itavia, Europe Aéro Service.

Un Dart Herald de la British Air Ferries

HP 31 « Jetstream »

Ce bimoteur destiné au transport régional, qui avait une capacité de seize passagers, fit son premier vol le 18 août 1967 et sa mise service eut lieu en 1969. Il était équipé de deux turbopropulseurs Turbomeca « Astazou » de 920 CV, lui donnant une vitesse de 430 km/h pour un rayon d'action maximum de 2 200 kms. Les principaux utilisateurs ont été aux Etats-Unis. L'appareil sera développé ultérieurement par BAE avec le « Jetstream 41 ».

Handley Page Jetstream 31

Hawker Siddeley

La création de la société date de 1935 suite à la reprise de Hawker Aircraft qui avait été fondée en 1912 par Harry Hawker, de Gloster Aircraft, et Armstrong Whitworth qui conserveront une autonomie. Pendant la Seconde Guerre mondiale Hawker Siddeley eut un rôle très important avec en particulier le chasseur « Hurricane ». En 1945 H.S prit le contrôle de « Victory Aircraft » au Canada qui devint Avro Canada. En 1948, Hawker Siddeley Group qui avait de nombreuses activités industrielles, aviation, chemins de fer... fut réorganisée et l'aéronautique dépendra d'Hawker Siddeley Aviation. En 1959, des activités passèrent à Bristol Siddeley. Suite à la diminution des programmes aéronautiques, le gouvernement demanda une réduction du nombre de fabricants. En 1959, H.S reprit « Folland Aircraft » puis, en 1960, ce sera de Havilland et Blackburn. A partir de 1963, il ne restera que le nom de Hawker Siddeley. Le 29 avril 1977, « l'Aircraft et Shipbuilding Act » conduisit à la nationalisation et Hawker Siddeley fusionna avec la British Aircraft Corporarion et Scottish Aviation pour former British Aerospace. En 1993, la société vendra l'activité d'avions d'affaires à Raython aux Etats-Unis.

HS/Avro « 748 »

Ce fut le dernier avion conçu par Avro avant la fusion avec Armstrong Whitworth le 1er juillet 1963. Sa conception commença en1957, initialement pour vingt passagers, puis le projet fut développé pour cinquante voyageurs. En juillet 1959, le gouvernement annonça son soutien à la production et Hawker lança une série de vingt avions. Le 1er vol eut lieu le 24 juin 1960 à Woodford. Le premier appareil de série vola le 30 août 1961 et fut remis à Skyways. L'appareil était doté initialement de deux turbopropulseurs Rolls Royce « Dart » de 1 880 CV, certains auront des moteurs ayant jusqu'à 2 300 CV de puissance. Il avait une vitesse de 450 km/h pour une autonomie de 1 000 à 1 700 kms. Le HS 748 fut produit également en Inde et un appareil fut aménagé pour la famille Royale. Au total trois-cent-quatre-vingt avions furent produits et une suite lui fut donnée avec l'ATP.

HS « Trident »

La conception du Trident remonte aux études développées par de Havilland avant sa reprise en 1960 par Hawker Siddeley. Le projet DH 121, qui avait reçu le soutien de la BEA, deviendra le HS 121 « Trident ». Le premier vol eut lieu le 9 janvier 1964 pour ce triréacteur avec des Rolls Royce « Spey » de 46 kN de poussée. L'appareil pouvait emporter cent-trois passagers.

Il commença son exploitation avec la BEA le 1er avril 1964. Ensuite, quinze Trident 1E furent produits avec un fuselage allongé de 1,57 m et des moteurs 51 kN de poussée; le premier fut livré à Pakistan International. Ensuite le Trident 2E fut à nouveau allongé de 91 cm et des réacteurs de 53,2 kN de poussée furent installés. Il pouvait transporter de 97 à 149 passagers en version haute densité. La BEA le mettra en service le 15 février 1968. La CAAC, organisme chinois de transport aérien, en utilisa dix-huit exemplaires sur les lignes intérieures. La version ultime fut le Trident 3B, allongée de cinq mètres avec une capacité de 179 passagers, suite à une commande de la BEA. L'appareil avait l'originalité pour un triréacteur d'avoir… quatre moteurs. En plus des trois moteurs de base, il disposait d'un réacteur d'appoint de 23,5 kN de poussée pour améliorer les performances au décollage. Cette version avait une vitesse d'environ 900 km/h pour une autonomie de 3 500 kms. Il fit son premier vol le 11 décembre 1969 pour entrer en service en avril 1971. Au total cent-dix-sept appareils « Trident » ont été produits. Les principaux utilisateurs furent BEA, Pakistan International Airlines, Cyprus Airways, Iraqui Airways, Air Ceylon, CAAC et BKS.

Hunting Percival

Création en 1929 de Percival Aircraft Company par Edgar Percival pour développer des avions légers.

Avec l'un de ses avions, le Percival « Gull », Charles Kingsford Smith relia la Grande-Bretagne à l'Australie en sept jours en 1933. Suite à une réorganisation, la compagnie deviendra Percival Aicraft Ltd et s'installa sur l'aéroport de Luton. Elle deviendra Hunting Percival en 1954, puis Hunting Aircraft en 1957 et finalement intégra le groupe BAC en 1960. Hunting Percival développa le Pestrel, le « Pembroke », puis le « Jet Provost » un avion d'entrainement à réaction mono réacteur.

Le « Pestrel » effectua son premier vol le 14 septembre 1937.C'était un bimoteur pouvant transporter six passagers. Il était équipé de deux moteurs DH « Gipsy » de 205 CV, lui assurant une vitesse de croisière de 208 km/h et rayon d'action de 1 200 kms. Il fut produit à vingt sept exemplaires et utilisé surtout par les militaires en raison de la guerre.

Le « Pembroke », était un appareil de transport léger, pour huit à dix passagers, propulsé par deux Alvis Léonides de 550 CV lui donnant une vitesse 275 km/h et un rayon d'action de 900 kms. Il fit son premier vol le 21 novembre 1952 et fut construit à cent-vingt-huit exemplaires. Il fut utilisé surtout par les militaires britanniques, belges et suédois.

Miles Aircraft

La société avait pris son nom en 1943 après la reprise de la société Phillips et Powis où F.G Miles avait travaillé comme concepteur de plusieurs appareils. La société avait eu comme actionnaire Rolls Royce qui avait cédé ses actions en 1941. En 1947, la société en grandes difficultés financières sera mise en faillite et les actifs cédés à Handley Page. En 1949 Miles et son associé seront poursuivis pour faillite frauduleuse et condamnés. Miles relancera une société portant son nom qui sera à la base de Beagle.

Le « Marathon » était doté de quatre moteurs DH « Gipsy Queen » de 340 CV chacun. Il effectua son premier vol le 19 mai 1946 et sera mis en service en 1951. Sa vitesse était de 320 km/h pour une autonomie de 1 500 kms. Quarante trois appareils seront produits pour la RAF, West African Airways et Derby Aviation.

Rolls-Royce

Ce n'est pas un fabricant d'avions, mais la société a joué un rôle fondamental dans le développement de l'aéronautique britannique en produisant des moteurs de qualité depuis ses débuts. La création date de 1906 après la rencontre de Charles Rolls et Henry Royce. La société produira la moitié des moteurs utilisés par les alliés pendant la Première Guerre mondiale. Après celle-ci, le dernier moteur conçu par Henry Royce, avant son décès, sera le « Merlin » qui sera produit à 160 000 exemplaires… pour équiper pratiquement tous les avions britanniques de la guerre en particulier le « Spitfire ». Il fut utilisé après la guerre pour le DC4 M modifié au Canada, donnant « l'Argonaut », puis pour le « Tudor ».

Rolls Royce s'impliqua ensuite totalement dans la propulsion à réaction qui donna deux types de moteurs :

Les turbopropulseurs

- Le Dart fut le turbopropulseur de référence pour les centaines de Vickers « Viscount » et les Fokker « Friendship ». Il commença ses essais en 1946 et la production se poursuivit jusqu'en 1987. Plus de 7 000 moteurs furent fabriqués.
- Le Tyne avait une puissance 4 000 à 6 000 CV, il fut monté sur le Vickers « Vanguard », mais aussi sur le Bréguet « Atlantic » et le « Transall ».

Les réacteurs

- Le « Nene » datait de 1944 donnant une poussée maximale de 44 kN.
- Le moteur « Avon » de 72,8 kN équipa la Caravelle et différents chasseurs.
- Le réacteur RB163 « Spey » datant de 1954 était à double flux, donnait une poussé maximale de 91,2 kN. Il fut monté sur le Trident et le BAC 111 notamment.
- Le « Conway » fut le premier moteur à réaction conçu avec le double flux comme technologie de base avec une poussée de 100 kN. Il était en service sur une trentaine de Boeing 707 et le même nombre de DC8, ainsi que sur le bombardier HP « Victor ».
- Le RB 211 « Trent », un moteur de forte puissance avec plus de vingt tonnes de poussée, dont la mise au point difficile conduisit le groupe à la faillite.

La société connaitra différentes phases de gestion avec la nationalisation en 1971 suite aux problèmes rencontrés avec la mise au point du RB 211. La division automobile sera séparée et privatisée en 1973 En 1987, ce sera la privatisation de la branche moteurs, puis en 2000 l'absorption d'Allison Engine.

Saunders Roe

En 1928, prise de contrôle du fabricant de navires S E Saunders par Alliot-Verdon Roe et John Lord venant de la société Avro. Ils changent le nom pour Saunders-Roe et spécialisent la société dans les hydravions. En 1938, l'activité navale est filialisée. Après la guerre, elle construit le premier hydravion à réaction, le « SRA », doté de deux moteurs de 17,2 kN, c'était un bombardier léger.

Puis ce sera le « Princess », un hydravion géant avec quatre moteurs de 5 000 CV et deux de 2 500 CV pour le transport de cent-cinq passagers à la vitesse de 580 km/h sur 9 000 kms. Il fera son premier vol le 22 août 1952. Il ne trouvera pas son marché, le temps des hydravions était passé. Saunders Roe avait eu dans ses projets un super hydravion le P192 « Queen », pour mille passagers propulsé par vingt-quatre réacteurs !!

Scottish Aviation

Création en 1935 sur l'aéroport de Prestwick avec pour première activité la formation de pilotes, puis en 1936, la maintenance. Pendant la guerre, les activités de fabrication seront importantes. Après le conflit, Scottish Aviation développera deux appareils de transport léger à décollage court. La société fut intégrée à la British Aerospace en 1977.

« Pioneer »

Monomoteur destiné au transport de huit passagers. Il était équipé d'un moteur Alvis Leonides de 520 CV, lui donnant une vitesse de 190 km/h avec une autonomie de 650 kms. Il effectua son premier vol le 5 novembre 1947et fut construit à cinquante-neuf exemplaires.

« Twin Pioneer »

Cette évolution du « Pioneer » pour 14 à 16 passagers fit son premier vol le 25 juin 1955. Il était équipé de deux moteurs Alvis Leonides de 640 CV lui donnant une vitesse maximale de 260 km/h pour un rayon d'action de 1 200 kms. Sa caractéristique principale était sa capacité à faire des atterrissages très courts sur quelques dizaines mètres. Il fut produit à quatre-vingt sept exemplaires et utilisé par les civils et les militaires.

Short

Les trois frères Eustace, Oswald et Horace Short se sont intéressés au ballon à partir de 1897. Dès 1908, ils croient beaucoup au développement de l'avion et produisent le « Short 1 » avec la création de Short Brothers qui sera le premier fabricant dans le monde. En 1911 Short fabriquera le premier avion bi moteur et le premier avion décollant depuis un navire. Short aura une activité importante pendant la Grande guerre. Après celle-ci, ses dirigeants poursuivront l'activité en se diversifiant. Les fabrications seront recentrées sur Belfast et, en 1937, Short ouvrira un aéroport près de son usine, qui deviendra plus tard Belfast City. Durant la Seconde Guerre mondiale, Short produira en particulier le « Sunderland », un redoutable patrouilleur maritime pour lutter contre les sous marins. La société Short sera nationalisée en 1943 et sera privatisée en 1947. En 1954, Bristol prendra 15% du capital, puis le 7 juin 1989 c'est Bombardier qui prendra le contrôle de Short.

Quelques réalisations pour le monde de l'aviation commerciale :

S8 « Calcutta »
Hydravion biplan qui fit son premier vol le 14 février 1928 pouvant transporter quinze passagers. Il était doté de trois moteurs Bristol « Jupiter » de 540 CV lui donnant une vitesse de 155 km/h pour un rayon d'action de 1 000 kms. Il fut produit à sept exemplaires et utilisé par Imperial Airways.

S16 « Scion »
Cet avion de transport léger pour six passagers fut construit à vingt-deux exemplaires. La version terrestre Scion 2 avait deux moteurs de 90 CV, le propulsant à 180 km/h sur une distance de 600 kms. Il fut utilisé par plusieurs compagnies comme Aberdeen Airways, Southern Airways et Palestinian Airlines.

Short Scion

S 17 « Kent »

Cet hydravion fit son premier vol le 24 février 1931, il pouvait emporter seize passagers. Il était doté de quatre moteurs de 555 CV lui assurant une vitesse de 170 km/h et un rayon d'action de 700 kms. Il fut produit à la demande d'Imperial Airways à trois exemplaires.

L 17 « Scyla »

C'était un hydravion conçu pour trente neuf passagers à la demande d'Imperial Airways. Il était propulsé par quatre moteurs de 555 CV. Il fit son premier vol le 26 mars 1934. Seulement deux appareils furent construits.

S 23

Hydravion équipé de quatre moteurs de 920 CV, lui donnant une vitesse maximale de 320 km/h et un rayon d'action de 1 200 kms. Il fut conçu par Arthur Gouge en partant des spécifications d'Imperial Airways qui furent établies par son directeur technique, le major Robert Hobart Mayo, pour un appareil pouvant relier les grandes villes du Commonwealth, dans de bonnes conditions de confort pour vingt-quatre passagers et du courrier. Il fit son premier vol le 4 juin 1936. Il fut mis en service par Imperial Airways, puis par la BOAC, Qantas, TEAL. Pour la liaison avec l'Australie, l'équipage était de cinq membres pour dix sept passagers, plus du courrier. La production porta sur quarante quatre appareils.

S 25 « Sunderland/Sandringham »

Hydravion doté de quatre moteurs Bristol « Pegasus » de 1 065 CV lui donnant une vitesse de 285 km/h et rayon d'action de 2 800 kms. Il fit son premier vol le 16 octobre 1937. Les différentes versions, surtout militaires, furent produites à 749 exemplaires. La version « Sandringham » après la guerre était dotée de quatre moteurs Pratt & Whitney de 1 200 CV assurant une vitesse de 280 km/h et un rayon d'action de 3 900 kms. Il fut utilisé notamment par la BOAC, par Aerolineas Argentinas, la Régie Interinsulaire à Tahiti.

S 30 « Empire »

Cet appareil effectua son premier vol commercial le 6 février 1937. Son développement fut conduit parallèlement au « Sunderland ». Les exigences d'Imperial Airways ont conditionné les performances de cet hydravion. Il était propulsé par quatre moteurs Bristol « Pegasus » de 920 CV, ce qui lui donnait une vitesse maximale de 320 km/h et un rayon d'action d'environ 1 200 kms. Il pouvait emporter vingt-quatre passagers. La production porta sur quarante-deux appareils et le principal utilisateur fut Imperial Airways.

Short Empire

Short S33 Empire Cleopatra

Short « Mayo »
Ce fut une recherche de Robert Hobart Mayo pour un avion portant un autre appareil, très chargé en carburant, pour lui permettre de décoller en étant « lancé ». C'est un S21, un S23 modifié, qui fut utilisé comme porteur et l'avion de raid était un hydravion Short S20 « Mercury », avec quatre moteurs de 340 CV lui donnant une vitesse de 280 km/h et une autonomie de vingt et une heures. En juillet 1938, un vol relia Foynes (Irlande) à Boucherville au Canada.

Short Mayo

« Solent »

C'était un hydravion quadrimoteur conçu à partir du Short S45 « Seaford », il pouvait transporter trente quatre passagers avec un équipage de sept membres. Il fit son premier vol le 11 novembre 1946 et fut mis en service par la BOAC, TEAL et Aquila Airways. Il était équipé de quatre moteurs Bristol de 1 700 CV, lui donnant une vitesse 390 km/h et rayon d'action de 2 800 kms. La construction porta sur seize exemplaires. Après la Seconde Guerre mondiale le temps des hydravions était passé et l'appareil n'eut pas de succès.

Short Solent

Short Solent

SC7 « Skyvan »

C'était un avion de transport léger pour dix-neuf passagers. Il fit son premier vol le 17 janvier 1963 et fut produit à 153 exemplaires. Il était doté de deux moteurs Garrett de 715 CV lui donnant une vitesse de 310 km/h et un rayon d'action de 1 100 kms. Il fut utilisé surtout par les militaires. Il pouvait transport dix-neuf passagers ou du fret.

Short Skyvan de la Invicta Aviation

Short Skyvan de la Invicta Aviation

« 330 »

Ce bi-turbopropulseur pour trente passagers, était une évolution du « Skyvan ». Il fit son premier vol le 22 août 1974 pour une mise en service en 1976. Il était doté de deux turbines PT6 de 1 200 CV lui donnant une vitesse 350 km/h et un rayon d'action de 1 700 kms. La production porta sur 136 appareils pour les compagnies assurant des vols régionaux.

Short 330 de la compagnie Loganair

« 360 »

Cette version évoluée du S 330 était conçue pour le transport de trente six passagers. Il fit son premier vol le 1er juin 1981 et fut mis en service en novembre 1982. Il était équipé de deux turbines PT6A de 1 420 CV lui donnant une vitesse de 330 km/h, pour une autonomie de1 600 kms. La production porta sur 165 avions pour des compagnies régionales.

Short 360 de Air UK

Short 360 de la compagnie Guernesey

Spartan Aircraft

Initialement Simmonds Aircraft lança un petit moteur de 100 CV en 1928 mais suite à des problèmes financiers elle devint Spartan Aircraft. Il y a eu le développement du « Cruiser » sous la conduite d'Edgar Percival. Cet appareil doté de trois moteurs de 120 CV chacun, pouvait transporter six voyageurs à la vitesse de 185 km/h sur 500 kilomètres. La production porta sur dix-sept appareils, en partenariat avec Saunders-Roe, qui a repris l'entreprise en 1935.

Supermarine

L'entreprise était une création de Noel Pemberton Billing en 1913. Elle aura une production importante pendant la guerre et après celle-ci, elle obtiendra des succès dans les coupes Schneider. Elle deviendra une filiale indépendante de Vickers en 1928. En 1938, l'intégration fut plus poussée pour résoudre les problèmes de délais pour la production notamment du « Spitfire ».

La société construisit initialement surtout des hydravions :

« Sea Eagle »

Cet appareil fut construit en 1923. C'était un hydravion monomoteur de 350 CV, pouvant transporter six passagers à 150 km/h maximum et sur 370 kms. Il effectua le premier vol commercial d'un hydravion en 1923 entre Southampton et Guernesey. Trois appareils furent utilisés.

Le « Spifire » conçu par R J Mitchell fut une grande réussite et joua un rôle capital pendant la bataille d'Angleterre en 1940.

Supermarine était après la guerre surtout un spécialiste des avions marins en particulier le « Swift » chasseur d'interception avec un réacteur de 75 kN.

Vickers

L'histoire de la société remonte à 1828 avec un intérêt pour l'industrie naissante en particulier la fonderie. En 1911, l'aviation entra dans le plan de développement de l'entreprise avec Vickers Ltd Aviation Department et la création d'une école de pilotage dès 1912. En 1927, il y aura un rapprochement avec Armstrong Withworth pour former Vickers Armstrong et l'acquisition de Supermarine, qui gardera ses productions. En 1960, ce sera le rapprochement avec Bristol, English Electric et Hunting pour la formation de la British Aircraft Corporation.

« Vimy »

Cet appareil fut construit comme bombardier mais arriva à la fin de la Première Guerre mondiale.

Il sera vendu en Chine, à la RAF surtout pour le transport de troupes. Il fut utilisé par Alcock et Brown pour la première traversée de l'Atlantique Nord en juin1919. L'avion était doté de deux moteurs Rolls Royce de 360 CV, lui donnant une vitesse maximum de 160 km/h pour un rayon d'action de 1 400 kms. Il emportait comme bombardier 1000 kgs ou une dizaine de passagers. L'utilisation civile sera faite par Imperial Airways, les Grands Express Aériens et Instone Airlines.

Vickers Vimy

« Vulcan »

Ce monomoteur de 450 CV fit son premier vol en avril 1922. Il était destiné au transport de six à huit passagers, à une vitesse maximum de 180 km/h sur 650 kms. Il fut produit à huit exemplaires et utilisé par Imperial Airways et Instone Airlines.

Vickers Vulcan

« Viking »

Ce fut un bimoteur de transport construit à partir d'éléments du bombardier Wellington. Il fit son premier vol le 22 juin 1945, puis une version allongée 1B prit l'air le 6 août 1946. Sa capacité était de 24 à 38 passagers. Il fut mis en service par la BEA le 1er septembre 1946 entre Londres-

Northolt et Copenhague. La version 1B fut produite à cent-treize exemplaires. Il était doté de deux moteurs Bristol « Hercules » de 1 690CV, sa vitesse était de 310 km/h pour une autonomie de 1 500 kms. Il fut utilisé notamment par les compagnies BEA, Hunting Clan, Airwork. Ces deux dernières assuraient leurs lignes vers l'Afrique de l'Ouest et Centrale avec cet avion. Des variantes militaires furent aussi proposées sous les noms de « Valetta » et « Varsity ». Il resta en service jusqu'en 1970.

« Viscount »

Proposé à partir des recommandations du comité Brabazon, il fut conçu initialement pour vingt-quatre passagers. Le premier vol de la version 630 eut lieu le 6 juillet 1948 pour le « Viceroy », dont le nom fut changé pour « Viscount », suite à la partition de l'Inde où le vice roi des Indes, Lord Mounbatten, joua un rôle important.

Vickers Viscount de la British Airways

Vickers Viscount de la Dan Air

Le « Viscount 700 »
Il fut lancé avec quatre moteurs Rolls Royce « Dart » de 1740 CV, lui assurant une vitesse de 480 km/h pour un rayon d'action de 2 800 kms. Il évolua de trente-deux places à cinquante avec un premier vol le 28 août 1950, qui conduisit à une commande de la BEA pour vingt-six appareils, avec une mise en service en avril 1953. De nombreux transporteurs étrangers furent séduits dont Air France, Aer Lingus, TAA, TCA, puis Capital Airlines. La production porta sur 287 exemplaires.

Le « Viscount 800 »
Ce fut une version allongée de 1,17 m, à la demande de la BEA, pour transporter 65 passagers qui fit son premier vol le 27 juillet 1956. Quadri turbopropulseur de chacun 1 990 CV, pour une vitesse de 480 km/h et une autonomie de 2 200 kms. Il a été mis en service en février 1957. La production pour la version 800 porta sur 154 appareils et se termina en 1964. Un total de 444 avions ont été produits.

« Vanguard »
Dès 1951, la BEA qui n'avait pas encore reçu les Vickers « Viscount » se préoccupait déjà d'un successeur. Initialement une version améliorée du « Viscount » fut envisagée mais l'arrivée du puissant turbopropulseur « Tyne », avec plus de 4 000 CV poussa les bureaux d'études à concevoir un nouvel appareil. La fabrication du prototype commença en juillet 1956 et la BEA, suivie par TCA (Air Canada) passèrent des commandes pour

vingt appareils chacune. Le premier vol eut lieu le 20 janvier 1959. La version finale 953 pouvait embarquer jusqu'à 139 passagers. Il était doté de quatre Tyne de 5 540CV lui donnant une vitesse maximale de 650 km/h et un rayon d'action de 2 900 kms. Les vols réguliers commencèrent avec la BEA le 1er mars 1961. L'appareil fut utilisé par la BEA pour le transport de fret sous le nom de « Merchantman » après son utilisation pour les voyageurs. L'avion avait la particularité d'avoir un fuselage bi-lobé donnant une bonne capacité dans la soute inférieure pour le transport de fret. Après ses vols avec la BEA et TCA (Air Canada), le « Vanguard » apparut dans les flottes d'Europe Aéro Service, Invicta et Merpati Nusantara.

Vickers Vanguard de la Invicta International

Vickers Vanguard de la BEA

« VC 10 »

Conçu dans les années 1950 sur des demandes de la RAF et de la BOAC pour ses routes africaines. La fabrication du prototype commença en janvier 1959 pour un premier vol le 29 juin 1962 avec Brian Trubshaw aux commandes. Il était doté de quatre moteurs Rolls Royce « Conway » de 95,2 kN turbo fan, monté à l'arrière de l'appareil. Ensuite, la puissance fut portée à 100 kN. Sa vitesse était de 900 km/h et son rayon d'action jusqu'à 9 000 kms. La mise en service eut lieu entre Londres et Lagos le 29 avril 1964. En plus des douze appareils VC 10 reçus par la BOAC, celle-ci commanda dix-sept exemplaires du super VC10. Il était plus long de 3,96 m pouvait accueillir 174 passagers. Il fit son premier vol le 7 mai 1964. Seulement cinquante-cinq avions furent construits pour BOAC, BUA, Ghana Airways, East African Airways. La production fut limitée malgré les nombreuses qualités reconnues à l'appareil par les pilotes et les passagers. L'avion avait été probablement conçu en suivant un peu trop les exigences de la BOAC et ne correspondait pas forcément à la demande de ses concurrents.

Vickers VC10 de la BOAC

Vickers VC10 de la East African

Westland

Constructeur aéronautique dont l'histoire remonte à 1915, comme filiale du groupe Petters Westland construira des avions sous licence ainsi que des appareils de sa propre conception. Pendant la Seconde Guerre mondiale Westland produira de nombreux « «Spitfire » et s'orientera ensuite dans la production d'hélicoptères.

« Wessex »

Ce trimoteur de chacun 140 CV fit son premier vol le 21 février 1929. Il transportait six passagers à la vitesse de 160 km/h sur 650 kms. Il fut construit à dix exemplaires pour la Sabena et Cobham Air Route.

« Limousine »

Ce monomoteur de 450 CV fut construit à huit exemplaires. Sa version finale volait à 145 km/h sur 800 kms avec quatre passagers. Il fut utilisé par Instone Air Lines entre Londres et Paris. Il fut retiré de service en 1925.

Les aéroports

Les aéroports au Royaume-Uni sont nombreux, en raison notamment de la Seconde Guerre mondiale où le pays devint un véritable porte avions avec de très nombreux aérodromes, où les milliers de bombardiers et les chasseurs d'escorte se rassemblaient pour conduire des raids massifs sur l'Allemagne. De nombreux terrains furent fermés après le conflit, mais un certain nombre sont devenus des aéroports civils. Comme la France, le Royaume-Uni a certainement trop d'aéroports, dont le trafic est faible. Mais certains aérodromes, en particulier dans les iles écossaises, sont nécessaires pour desservir plus facilement les Hébrides, les Orcades, les Shetland, qui sont éloignées des pôles économiques. Il est à souligner que beaucoup d'aéroports britanniques ont assuré depuis un certain nombre d'années une bonne correspondance avec les lignes de chemins de fer, en disposant d'une gare au contact du terminal permettant un accès plus facile, ce qui n'est pas le cas en France.

Classement des trentes principaux aéroports du Royaume-Uni :

Rang	Aéroports	2016	2010	2000
1	Londres-Heathrow	75 672 000	65 745 000	64 279 000
2	Londres-Gatwick	43 115 000	31 342 000	31 949 000
3	Manchester	25 599 000	17 663 000	18 352 000
4	Londres-Stansted	24 318 000	18 562 000	11 860 000
5	Londres-Luton	14 642 000	8 734 000	6 170 000
6	Edinbourg	12 348 000	8 594 000	5 498 000
7	Birmingham	11 639 000	8 564 000	7 493 000
8	Glasgow-International	9 324 000	6 522 000	6 924 000
9	Bristol	7 610 000	5 723 000	2 126 000
10	Belfast-International	5 147 000	4 011 000	3 128 000
11	Newcastle	4 805 000	4 346 000	3 147 000
12	Liverpool	4 777 000	5 008 000	1 981 000
13	East-Midlands	4 651 000	4 111 000	2 227 000
14	London-City	4 539 000	2 781 000	1 584 000
15	Leeds-Bradford	3 611 000	2 724 000	1 575 000
16	Aberdeen	2 955 000	2 763 000	2 481 000
17	Belfast-City	2 665 000	2 740 000	1 290 000
18	Southampton	1 947 000	1 734 000	857 000
19	Jersey	1 614 000	1 463 000	
20	Cardiff	1 344 000	1 398 000	1 500 000
21	Doncaster-Sheffield	1 265 000	876 000	
22	Guernesey	874 000	923 000	
23	Londres-Southend	874 000		4 000
24	Exeter	847 000	737 000	318 000
25	Isle of Man	791 000	675 000	703 000
26	Inverness	782 000	528 000	341 000
27	Glasgow-Prestwick	672 000	1 660 000	905 000
28	Bournemouth	666 000	750 000	273 000
29	Norwich	506 000	426 000	367 000
30	Newquay	370 000	285 000	

Source CAA

Il y a vingt-un aéroports qui dépassent le million de passagers par an, le même nombre qu'en France, qui est le seuil de la rentabilité d'une plateforme aéroportuaire, selon la Cour des Comptes en France ce qui doit être valable également en Grande-Bretagne.

Principaux aéroports pour le fret

Si les aéroports enregistrent de plus en plus de voyageurs, il ne faut pas oublier les marchandises. Des produits généralement à haute valeur ajoutée empruntent de plus en plus les avions cargos ou les soutes des avions de passagers. Londres est en troisième position en Europe, après Paris et Francfort et devant Amsterdam et Leipzig.

Année 2017	Fret (tonnes)
Aéroports de Londres	2 053 000
East-Midlands	324 000
Manchester	120 000
Birmingham	41 000
Edinbourg	20 000

Année 2010	Fret (tonnes)
Aéroports de Londres	1 808 000
East-Midlands	273 000
Manchester	145 000
Birmingham	29 000
Manston	28 000

Année 2000	Fret (tonnes)
Aéroports de Londres	1 825 000
East-Midlands	178 000
Manchester	116 000
Prestwick	41 000
Manston	32 000

Source CAA

Informations sur les aéroports britanniques

Londres

Cette immense agglomération, qui est un des centres économiques et financiers de la planète, est une porte de la Grande-Bretagne. En plus de ses activités économiques, le pays est une source considérable de déplacements. La Grande Bretagne étant une ile, avec certains composants du pays séparés par la mer, comme l'Irlande du Nord, l'ile de Man, les iles Anglo-normandes, les iles du Nord de l'Ecosse qui impliquent l'utilisation du bateau, mais surtout maintenant de l'avion. Tous les déplacements vers l'Europe, vers les anciennes colonies où la présence et la culture britannique sont restées fortes, génèrent un trafic considérable. Les fortes communautés originaires des pays du Commonwealth sont une source importante de voyages. Par ailleurs, le climat parfois maussade… incite de nombreux habitants à se diriger vers le sud de l'Europe pour bénéficier du soleil, de la mer et plus si affinités ! La ville de Londres est la seule au monde à bénéficier de six aéroports, souvent à saturation par un manque de pistes. Il faudrait pour améliorer la situation construire trois pistes, une à Heathrow, une à Gatwick et une à Stansted. L'aéroport de Luton a encore un potentiel de développement avec quatorze millions de passagers avec une seule piste, ce qui est un trafic plus important que Nice qui dispose de deux pistes... L'aéroport de Londres-Oxford qui sert pour la formation et les vols privés a le projet de proposer des vols réguliers vers un certain nombre de villes britanniques et européennes pour soulager les autres terrains.

Heathrow

Il est situé à vingt-trois kms à l'Ouest de Londres. Il remonte à 1929 quand un aérodrome fut ouvert près du hameau de Heathrow. Pendant la guerre, il fut largement utilisé et en 1944 fut développé pour assurer les vols militaires long-courriers vers l'Asie. Avec la fin du conflit se posa le choix du nouvel aéroport pour Londres. Northolt à onze kms au Nord avait ses partisans. Mais, finalement, Heathrow fut retenu par les membres du « Advisory Layout Panel ». Il prévoyait de développer une piste supplémentaire dans la partie Nord, ce qui ne fut pas retenu bien dommage maintenant ! Un triangle de trois pistes fut initialement développé. L'idée était de faire une croix de David avec six pistes, pour faciliter les décollages face au vent, ce qui était important tenant compte de la puissance limitée des moteurs de l'époque. Dès 1953, l'essentiel du trafic se fit à Heathrow avec la BEA et la BOAC. Le concept fut d'assurer les mouvements avec deux pistes parallèles. A l'époque, le maximum de mouvements prévu était de soixante à l'heure par beau temps… Pas loin de ce qui se passe en 2017, soit soixante-douze mouvements par heure.

Le trafic vers les Etats-Unis est très important et si, initialement, seulement la BOAC, puis British Airways, la Pan Am et la TWA pouvaient voler entre les deux pays, la concurrence se renforça avec Laker puis Virgin Atlantic. La Pan Am et la TWA, en mauvaises postures, revendront leurs liaisons à United Airlines et American Airlines. Puis, après l'accord de ciel ouvert de 2007, arriveront Northwest Airlines, Continental Airlines, US Air puis Delta. Les fusions aux Etats-Unis diminueront le nombre des compétiteurs mais augmentera leur puissance.

En 2017, plus de quatre-vingts compagnies desservent la plateforme vers près de deux cents destinations. Il est doté de seulement deux pistes, une de 3 900 m de longueur et une de 3 600 m.
Avec près de 480 000 mouvements par an il est saturé à 99 %. Le nombre de mouvements, comparé aux deux pistes en service, est considérable avec 474 963 en 2016 et 474 087 en 2015. Cela donne en 2016 une moyenne de trente-six mouvements à l'heure par piste toute l'année durant dix-huit heures par jour ! C'est vraiment la saturation !
C'est le grand problème non encore résolu pour Heathrow. Comment faire pour pouvoir augmenter le trafic ? En 2010, avant les élections, les travaillistes souhaitaient une troisième piste mais les conservateurs non. Le maire de Londres, Boris Johnson, souhaitait la construction d'un nouvel aéroport à l'embouchure de la Tamise. En 2013, les idées ayant évolué, la construction d'une piste de 2 200 m surtout pour les atterrissages au Nord Ouest de l'aéroport est devenue un sujet dont on parle. Le coût est de plus de seize milliards de livres, nécessitant la destruction de sept cent cinquante pavillons, la disparition du village de Longford, la destruction de la moitié de Harmondsworth, qui va poser de nombreux problèmes aux autorités, qui n'ont pas (encore) de zadistes… Une ouverture vers 2025 est

envisagée avec comme ambition de porter le trafic à 125 millions de passagers. Dès à présent, une vingtaine de compagnies ont demandé des créneaux horaires supplémentaires. Une vente récente pour une paire de ceux-ci s'est faite à cinquante millions de dollars ! Une solution avait été évoquée consistant à allonger les pistes existantes à sept kilomètres en faisant un double usage de celles-ci !

L'aéroport dispose de quatre terminaux plus un pour le fret :
- Le terminal historique n°1 avait été ouvert en 1968 et a été fermé en juin 2015.
- Le terminal 2 a été reconstruit et ouvert en 2011.
- Le terminal 3 « Océanique » date de 1961.
- Le terminal 4 utilisé par « Skyteam » a été ouvert en 1986.
- Le Terminal 5, le plus moderne qui date de 2008, est utilisé pou les vols de British Airways et sa partenaire Iberia.

Trafic :

Année	Passagers
2016	75 672 000
2010	65 745 000
2000	64 279 000
1990	42 638 000
1980	27 484 000

Les dix principales destinations :
- New York   2 934 000 passagers
- Dubai   2 651 000
- Dublin   1 750 000
- Amsterdam   1 616 000
- Hong Kong   1 574 000
- Los Angeles   1 529 000
- Francfort   1 493 000
- Madrid   1 317 000
- Munich   1 215 000
- Doha   1 206 000

Pour sa liaison avec Londres, le train express vers Paddington prend quinze minutes et le métro « Piccadilly Line » près de cinquante minutes pour le centre de la ville.

En 2017, le nombre de passagers a atteint 78 millions, en progression de 3,1% alors que le nombre de mouvements n'a progressé que de 0,2 %, soit seulement deux vols de plus par jour. Le coefficient d'occupation des appareils a progressé de 2,6% pour atteindre 78%. L'aéroport de Heathrow est l'exemple de la bonne utilisation des avions gros porteurs et les compagnies disposant d'Airbus 380 les utilisent largement, car c'est le seul moyen d'augmenter l'offre de sièges, quand le nombre de mouvements est bloqué par la saturation. De même, sur les lignes moyens courriers, la priorité va être donnée aux avions du type Airbus 321 qui peuvent transporter plus de deux-cents passagers. Boeing est en cours de réflexion pour proposer un moyen courrier de plus grande capacité que ses Boeing 737. Il sera plus performant en capacité, en consommation et en pollution, pour apporter une solution à la desserte les aéroports saturés ou ceux qui vont le devenir très rapidement.

Gatwick

C'est un aérodrome qui fut ouvert en 1920 avant de recevoir les premières lignes régulières en 1933. Une aérogare sera ouverte en 1935 pour faire face au début de trafic. L'aéroport est en bordure de la ligne ferroviaire Londres-Brighton ce qui facilite la liaison vers Londres-Victoria, qui est pourtant à près de cinquante kms. Après la construction de l'aérogare Sud en 1956, le trafic commença à progresser avec 368 000 passagers en 1959. Dans les années 1960, les deux grands utilisateurs étaient BUA et Dan Air, puis en 1970 la British Caledonian deviendra le n°1 du site. Ensuite de nombreuses compagnies seront présentes y compris British Airways, en particulier après 1992 et la reprise de Dan Air. Une deuxième aérogare nommée Nord fut mise en service. En 2017 les trois grands utilisateurs sont EasyJet, British Airways et Norwegian Air.

Trafic :

Année	Passagers
2016	43 115 000
2010	31 342 000
2000	31 949 000
1990	21 042 000
1980	9 704 000

Pour 2017, le nombre de passagers a été de 45 553 000 passagers soit une progression de 5,2%. Pour les mouvements, l'aéroport en a enregistré 286 000 en 2017, 280 660 pour l'année 2016 et 267 760 en 2015. Avec une seule piste cela donne plus de quarante-trois mouvements par heure, dix-huit heures par jour toute l'année. Cela semble presque impossible mais si, officiellement, il y a une seule piste de 3 400 m, un large taxiway de 2 500 m de longueur pouvant servir de piste permet d'accélérer le trafic. Mais les deux pistes n'étant séparées que par seulement 200 m, cela ne permet pas d'effectuer des mouvements simultanés et limite la croissance. Dans les projets, il y a une seconde piste et une troisième aérogare.

Il est desservi par soixante compagnies, les principales destinations sont :

- Barcelone   1 357 000
- Dublin   1 306 000
- Malaga   1 166 000
- Amsterdam   1 062 000
- Madrid   947 000
- Dubai   920 000
- Tenerife-Sud   862 000
- Belfast-International   858 000
- Genève   845 000
- Alicante   824 000

Après avoir été la propriété de BAA de1960 à 2009, la gestion dépend de Global Infrastructures Partners et ses associés, qui ont aussi en charge l'aéroport d'Edimbourg.

Aéroport de London Gatwick

Stansted

Création en 1943 comme base de bombardiers, surtout pour l'USAAF. Il fut repris par le ministère de l'Aviation Civile en 1949. Il est situé à quarante-huit kms au Nord-est de Londres et est relié par le train à la capitale. A partir de 1966, sous l'autorité de BAA, il commença à recevoir un certain trafic avec plus de deux millions de voyageurs. Puis la plateforme sera le partenaire des compagnies « low-cost », en particulier Ryanair, son principal utilisateur, avec cent-trente destinations sur les cent-soixante-dix villes qui sont reliées à Stansted. Quelques liaisons vers les Etats-Unis furent proposées à partir de 2005 par American Airlines et deux compagnies « tout-affaires » Eos Airlines et Maxjet Airways, mais sans grand succès. Les opérations se sont terminées en 2008. L'aéroport est relié par le train à la gare de Liverpool Street dans le centre de Londres, en quarante cinq minutes environ par le « Stansted Express ».

Il est desservi par vingt-six compagnies, les principales destinations sont :
- Dublin 914 000
- Edimbourg 836 000
- Glasgow 652 000
- Rome-Campino 601 000
- Barcelone 508 000

- Madrid   500 000
- Bergame   489 000
- Berlin-Schoenfeld   456 000
- Varsovie   432 000
- Cologne   451 000

Il y a également dix-huit compagnies pour le fret.

Trafic :

Année	Passagers
2016	24 318 000
2010	18 562 000
2000	11 860 000
1990	1 155 000
1980	277 000

Pour 2017, le total des passagers qui sont passés par l'aéroport a été de 25 902 000. L'aéroport a un trafic qui est très important pour une seule piste de 3 000 m de longueur, avec vingt-huit mouvements à l'heure pendant dix-huit heures par jour et le projet de construire une seconde piste se heurte à de nombreuses oppositions, comme dans l'environnement de nombreux aéroports. Le propriétaire est le Manchester Airport Group (MAG).

Aéroport de London-Stansted

Luton

Il est situé à 47 kms au Nord-ouest de Londres. Il fut ouvert en 1938, devint une base de la RAF pendant la guerre en accueillant des chasseurs. Une usine de Percival Aircraft fut implantée sur le terrain. A partir des années 1960, il devint une plateforme fréquentée par l'aviation d'affaires. Puis il fut ouvert aux vols charters avec notamment Autair et Euravia. Un certain déclin au début des années 1980 provoqua une nouvelle politique pour relancer la fréquentation. L'aéroport fut rebaptisé Londres-Luton en 1990, pour marquer sa proximité avec la grande cité. En 2017, EasyJet qui a son siège social sur l'aéroport et Wizzair sont les plus grands utilisateurs de la plateforme.

Il est desservi par treize compagnies, les principales destinations sont :

- Copenhague   767 000
- Amsterdam   608 000
- Budapest   572 000
- Bucarest   513 000
- Varsovie   400 000
- Tel Aviv   370 000
- Barcelone   367 000
- Dublin   350 000
- Katowice   314 000
- Belfast-International   310 000

Le trafic fret est assuré par cinq transporteurs.

Trafic :

Année	Passagers
2016	14 642 000
2010	8 734 000
2000	6 170 000
1990	2 679 000
1980	2 088 000

Pour l'année 2017, le nombre de voyageurs ayant utilisé Luton a été de seize millions. Il dispose d'une piste de 2 160 m de longueur, recevant en moyenne seize mouvements par heure. Un projet de construction d'une nouvelle piste existe mais doit faire face à de fortes contestations.

London-City

Il est situé à onze kms à l'Est de Londres, dans les Royal Docks près du Canary Wharf. Le premier atterrissage fut effectué le 27 juin 1982 par un avion de Brymon Airways pour prouver l'intérêt du projet conduit par J Mowlen. Le premier vol commercial eut lieu le 26 octobre 1987 avec une piste ne mesurant que 1 080 m et une approche se faisant avec un angle de 7,5° au lieu des 3° classiques. La première année a vu passer 133 000 passagers. Le 5 mars 1992, la piste fut allongée à 1 500 m permettant à plus de types d'avions de pouvoir desservir la plateforme, avec une pente de 5,5°. En 1992, l'ensemble a été cédé à Dermot Desmond. L'année 2005 a vu l'inauguration de la desserte par le métro « Light Railway ». En 2009, la British Airways a inauguré des vols vers New York, en Airbus 318. Le vol aller se faisant avec une escale à Shannon pour compléter le plein de carburant, la piste ne permettant pas de décoller à pleine charge. Pendant l'escale les passagers passent les formalités de douanes pour les USA et gagnent du temps à l'arrivée. En 2016 le gestionnaire a changé à nouveau avec un consortium conduit par Alberta Investment Management Corporation.

Il est desservi par dix-huit compagnies, les principales destinations sont :
- Edimbourg   528 000
- Amsterdam   517 000
- Dublin   450 000
- Zurich   386 000
- Francfort   241 000
- Glasgow   235 000
- Rotterdam   220 000
- Genève   219 000
- Luxembourg   183 000
- Milan-Linate   180 000

Trafic :

Année	Passagers
2016	4 539 000
2010	2 781 000
2000	1 594 000
1990	230 000
1980	Non opérationnel

Pour 2017, le nombre de passagers est resté stable avec 4 530 0000. L'aéroport dispose d'une piste de 1 500 m, difficile à allonger.

Southend

Situé à 68 kms à l'Est de Londres, ce terrain a eu une activité pendant la Première Guerre mondiale en assurant la protection contre les raids des dirigeables allemands « Zeppelin ». Il deviendra aéroport municipal en 1935. Pendant la guerre, ce fut une base de la RAF. Après celle-ci, les activités civiles reprirent et, entre 1955 et 1965, Southend fut le troisième aéroport anglais après Londres et Manchester. Il y avait les très nombreux vols « avion+voiture » par Channel Air Bridge, puis par British United Air Ferries à destination de Rotterdam, Ostende, Calais et le Touquet. Avec l'arrêt des vols par la concurrence des Hovercraft, des hausses des prix du carburant puis l'ouverture du tunnel sous la Manche, le trafic s'est réduit considérablement. Quelques charters, des vols d'affaires et des vols d'entraînement étaient l'essentiel de l'activité. La piste étant courte ne permettait pas les vols vers la Méditerranée. En 2008, le groupe Stobart a racheté l'aéroport et lancé un programme de modernisation, avec une nouvelle aérogare ou encore une piste allongée. L'année 2011 a vu l'ouverture de la station ferroviaire vers Liverpool Street à Londres qui prend cinquante-trois minutes. En 2012, EasyJet a ouvert plusieurs liaisons au départ de Southend, profitant du faible trafic rendant les opérations plus faciles pour les avions et pour les passagers, au contraire des autres aéroports londoniens, saturés avec des files d'attente et du stress pour les voyageurs. Flybe a suivi l'exemple et assure également de nombreux vols.

Il est desservi par trois compagnies, les principales destinations sont :
- Amsterdam   206 000 passagers
- Alicante   100 000

- Faro   97 000
- Malaga   82 000
- Palma   52 000

Trafic :

Année	Passagers
2016	874 000
2010	4 000
2000	4 000
1990	119 000
1980	128 000

La piste fait 1 850 m de longueur. Pour le futur, les autorités pensent que le nombre de passagers qui était passé au-dessus du million en 2014, qui a baissé pendant deux ans, mais a atteint le total de 1 091 000 en 2017, devrait atteindre cinq millions de voyageurs en 2025.

Trafic entre Londres et les dix plus importantes destinations (en milliers) :

Aéroports	Total	Heathrow	Gatwick	Stansted	Luton	City	Southend
Dublin	4 770	1 750	1 306	914	350	450	
Amsterdam	4 334	1 616	1 062	325	608	517	206
Dubaï	3 571	2 651	920				
Edinbourg	3 389	1 053	700	836	272	528	
Barcelone	3 020	745	1 357	508	367		43
New York	2 934	2 934					
Madrid	2 835	1 317	947	500	71		
Glasgow	2 388	893	608	652		235	
Malaga	2 007		1 166	398	304	57	82
Francfort	1 734	1 493				241	

Pour 2017, les aéroports londoniens ont enregistrés 170 millions de voyageurs, une progression de dix millions en un an ! La saturation sur les trois principaux aéroports pose le problème du futur. Comment réussir à faire face à la croissance inéluctable de nombre de passagers ? On peut estimer que le nombre de passagers pourrait être de 300 millions avant 2040 ! Si de nouvelles pistes ne sont pas mises en chantier rapidement, ce sera le chaos quotidien avec des queues énormes pour l'enregistrement, le passage de la sécurité et des files d'attente d'avions bien pires que celles que l'on connait déjà.

Autres aéroports proches de Londres

Ashford
Base de la RAF pendant la Seconde Guerre mondiale, il a été fermé.

Blackbushe
Cet aérodrome situé au Nord-est de Londres est dédié aux vols d'affaires.
Il fut ouvert en 1942 comme base de la RAF et eut comme utilisateur les
Forces Françaises Libres. Il redevint civil en 1947, tout en conservant une
antenne de l'US Navy. De 1947 à 1957 il fut la base d'Airwork, Britavia,
British Eagle, avec un certain nombre de vols vers l'Europe. Ils migrèrent
vers Gatwick et Luton. En 1960, l'aéroport fut fermé puis rouvert, malgré
l'opposition des riverains. En 1962, il passa sous le contrôle de British Car
Auctions puis, en 2015, d'un groupe d'investisseurs conduits par sir Peter
Ogden. Un plan de développement est en discussion pour avoir plus
d'activités, que les écoles de pilotage et les vols privés. La piste ne fait que
1 335 m de longueur et devrait être allongée.

Croydon
Ce fut le grand aérodrome de Londres dans les années 1930, les vols
commerciaux pour l'Europe partaient de ce terrain. Il fut fermé le 30
septembre 1959.

Heston airport
Il fut ouvert en 1929. Il assura des vols commerciaux à partir de 1931 avec
Spartan Airlines, Jersey Airways, United Airways puis British Airways.
C'est de ce terrain que partit Neville Chamberlain pour aller discuter les
accords de Munich en 1938. Durant la guerre ce fut une base de la RAF et
de l'US Air Force. Il fut fermé en 1947.

Houslow
Il fut un aérodrome londonien de 1910 à 1920, par la suite remplacé par
Croydon.

London-Ashford Lydd Airport
Il fut ouvert en 1954 pour la compagnie Silver City Airways afin d'assurer
les vols « voiture+passagers » vers le Touquet, Calais, Ostende. Cet

aéroport a connu une grande activité dans les années 1960, avec les nombreux vols au-dessus de la Manche et 250 000 passagers par an. Après la mise en service des Hovercrafts, il servira pour le transport de marchandises avec Air Freight en particulier vers Beauvais. En 1980, le groupe Hards développa des vols vacances en avion plus bus. Depuis 1997, Lyddair assure des vols vers le Touquet en Piper PA31 ou Beech 200, ainsi que des vols promenades et des vols charters. Un programme de développement est en cours pour attirer 500 000 passagers par an.

Trafic :

Année	Passagers
2016	1 000
2010	ns
2000	2 000
1990	35 000
1980	10 000

La piste fait 1 500 m de longueur et doit être allongée à 1 800m.

Lymphe

Base de la RAF pendant la Première Guerre mondiale, servant de relais vers le front situé en France. Il reprendra des activités civiles en 1919, puis sera de nouveau une base de la RAF en 1940. Sa grande proximité avec le Continent fera qu'il n'y aura pas d'escadrilles stationnées en permanence. Il fut utilisé initialement par Silver City Airways pour ses vols vers le Touquet avec des voitures et des passagers, mais remplacé par Lydd en 1954, car la piste en herbe souvent détrempée ne permettait pas une bonne régularité des opérations. Il sera la base de Skyways pour son service « avion+bus » entre Paris et Londres jusqu'en 1974. Il disposait avant sa fermeture en 1984 d'une piste de 1 370 m de longueur. Il est devenu une zone industrielle.

Manston-Kent International Airport

Base de la RAF, cet aéroport proche de l'embouchure de la Tamise a connu une activité limitée.

En 2012, une liaison vers Amsterdam par KLM fut ouverte, mais close rapidement. L'aéroport a été fermé le 15 mai 2014. Son avenir est incertain, quelques investisseurs ont montré des signes d'intérêts. Il a connu une pointe de trafic au début des années 2000, avec 206 000 passagers en 2005 et 7 600 tonnes de fret.

Trafic :

Année	Passagers
2016	ns
2010	26 000
2000	8 000
1990	19 000
1980	ns

Northolt

Sa création remonte à 1915. Cet aérodrome est une base de la RAF situé à onze kms au Nord de Londres-Heathrow et dispose d'une piste de1 680 m de longueur. Il fut la base de la BEA après la Seconde Guerre mondiale et fut fermé au trafic civil le 30 octobre 1954. Il recense 7 800 mouvements d'avions militaires par an. Il est utilisé également par des avions privés. L'idée pour désengorger un peu Heathrow serait de pouvoir assurer 50 000 mouvements d'avions commerciaux sur le site. La compagnie Flybe serait très intéressée.

Les autres plateformes aéroportuaires britanniques

Aberdeen

Sa création remonte à 1934. Il est situé à une dizaine de kms de la ville. Pendant la guerre, il eut une importante activité, notamment en assurant la protection contre les avions allemands venant de Norvège. Un faux aérodrome fut implanté à proximité, éclairé la nuit, qui fut bombardé plusieurs fois sans dégâts pour les leurres ! Son activité fut développée à partir de 1967 avec l'exploration, puis l'exploitation des gisements de pétrole et de gaz de la mer du Nord. De nombreux vols charters et un très grand nombre de vols d'hélicoptères sont enregistrés depuis cette époque.

Une vingtaine de compagnies se posent à Aberdeen et les principales liaisons ont été en 2016 :

- Londres-Heathrow   592 000 passagers
- Amsterdam avec   280 000
- Manchester avec   202 000
- Londres-Gatwick   144 000
- Birmingham   130 000

La gestion est assurée depuis 2014 par AGS Airports.

Trafic :

Année	Passagers
2016	2 955 000
2010	2 763 000
2000	2 481 000
1990	1 947 000
1980	1 448 000

Pour 2017, le nombre de voyageurs ayant utilisé l'aéroport a été 3 090 000. L'aéroport dispose de deux pistes, l'une de 1 900 m de longueur et la seconde de 1 500 m.

Alderney

Il fut ouvert en 1935 avec une piste herbe. Le trafic est limité car la population est peu importante. La piste asphaltée fait 870 m de longueur. La petite aérogare fut mise en service en 1968. Le principal utilisateur est Aurigny Air Services vers Guernesey et Southampton. Des vols furent assurés naguère vers Brighton, Bournemouth, Cherbourg, Jersey mais furent rapidement abandonnés par manque de clients.

Trafic :

Année	Passagers
2016	57 000
2010	70 000
2000	75 000
1990	105 000
1980	76 000

En 2017, le nombre de passagers a légèrement diminué à 54 780. Pour 2018, la compagnie Air Alderney a le projet de lancer quelques liaisons vers Cherbourg, Guernesey, Brighton, avec un BN « Islander ».

Barra

Ce petit aéroport est le seul à avoir un trafic régulier avec les avions qui se posent sur la plage à marée basse ! La hauteur de la marée conditionne l'ouverture de l'une des trois pistes de 800 m environ tracées sur le sable. Il est comme dix autres aéroports écossais sous la responsabilité de « Highland and Islands Airports Ltd (HIAL) » suite à sa création par la Civil Aviation Authority le 1er avril 1995. En 2017, ce sont les avions de Loganair qui se sont posés à Barra venant de Glasgow. Environ 10 000 passagers sont enregistrés chaque année.

Belfast-City Georges Best

L'aérodrome fut ouvert en 1937 par Short qui avait une usine sur le terrain. Celui-ci devint une base de la RAF. Il retrouva un usage civil en 1983. Il est aussi appelé Georges Best à la mémoire du grand joueur de football, né à Belfast, qui fut une des vedettes de Manchester United dans les années 1960.

L'aéroport est desservi par six compagnies. Principales liaisons au départ de Belfast City :
- Londres-Heathrow   693 000
- Manchester   266 000
- Birmingham   257 000
- Glasgow   169 000
- Edimbourg   165 000

Trafic :

Année	Passagers
2016	2 665 000
2010	2 740 000
2000	1 290 000
1990	548 000
1980	Non opérationnel

Pour 2017, le nombre de passagers a été de 2 460 000. L'aéroport dispose d'une piste de 1 800 m de longueur. Bombardier, qui a repris Short, a ses installations sur le terrain.

Belfast-International

Sa création remonte à 1917 à Aldergrove, avec une ouverture au trafic aérien en 1922 et au trafic commercial en 1933. Il sera desservi par Midland and Scottish Air Ferries depuis Glasgow, puis Liverpool et Londres. Pendant la guerre il redevint une base militaire et sera doté de deux pistes en dur pour faciliter les opérations du « Coastal Command ». Après la guerre, pendant une courte période, les vols civils se poseront sur l'ex base RAF de « Nutts corner », mais rapidement les vols reviendront à Aldergrove. L'arrivée de Ryanair et EasyJet a fait progresser le trafic.

Il est desservi par dix compagnies, les principales destinations sont :
- Londres-Gatwick   859 000
- Liverpool   465 000
- Londres-Stansted   364 000
- Londres-Luton   310 000
- Glasgow   283 000

Par ailleurs sept compagnies assurent des vols cargos.

Trafic :

Année	Passagers
2016	5 147 000
2010	4 011 000
2000	3 128 000
1990	2 294 000
1980	1 477 000

Pour 2017, le nombre de passagers a été de 5 837 000 en hausse de 13%. Deux pistes sont disponibles de 2 780 m pour l'une et 1 900 m pour l'autre.

Benbecula

Cet aéroport des iles Hébrides est un lien utile pour les habitants. Il est desservi par Loganair qui relie l'ile à Edimbourg, Glasgow, Inverness et Stornoway. Il est sous la responsabilité de « Highland and Islands Airports Ltd (HIAL) » suite à sa création par la Civil Aviation Authority le 1er avril 1995.

Trafic :

Année	Passagers
2016	32 000
2010	30 000
2000	36 000
1990	32 000
1980	24 000

Pour 2017, le nombre de passagers a été de 33 000. Il dispose d'une piste de 1 800 m de longueur.

Birmingham

C'est le 8 juillet 1938 que l'aéroport, construit par la municipalité, fut inauguré à Elmdon à dix kms à l'Est de Birmingham. Pendant la guerre ce fut une base de la RAF, ainsi qu'un centre de montage final pour les bombardiers « Lancaster ». La piste principale de 1 200 m de longueur fut bitumée à cette époque. Après la guerre, l'aéroport a repris sa vocation et se développa. En 1984, le « Maglev », un train automatique fut mis en service pour relier l'aérogare avec la gare qui est très proche. En 2007, un plan de développement important fut proposé avec une seconde piste et un nouveau terminal avec pour ambition de recevoir soixante-dix millions de passagers et cinq cents mille mouvements par an ! Seulement des améliorations furent apportées… En 2014 la piste fut portée à 3 050 m de longueur.

Il est desservi par quarante-huit compagnies, les principales destinations sont :

- Dublin   925 000
- Dubaï   718 000
- Amsterdam   631 000
- Paris-CDG   400 000
- Tenerife-Sud   394 000
- Malaga   383 000
- Alicante   365 000
- Palma   356 000
- Francfort   311 000
- Barcelone   308 000

Trois transporteurs cargos sont également actifs.

Trafic :

Année	Passagers
2016	11 639 000
2010	8 564 000
2000	7 493 000
1990	3 492 000
1980	1 562 000

Le nombre de passagers pour 2017 a été de 12 982 000, une hausse de 11,5%.

Aéroport de Birmingham

Blackpool

Si quelques vols eurent lieu à partir de 1909, c'est au début de 1930 que l'aéroport commença à avoir des activités. Le 15 avril 1935, Railway Air Services débuta les vols vers l'ile de Man ainsi que vers Manchester et Liverpool. A partir de 1938, ce fut une base de la RAF dédiée à la formation des pilotes. Une usine Vickers fut implantée sur le terrain pendant la guerre. En 1946, le trafic civil reprit vers l'ile de Man. L'aéroport connut un bon développement entre 2005 et 2012 avec Aer Lingus et Jet2 en particulier. En 2007, le trafic porta sur 550 000 passagers. Mais le déclin s'amorça et l'exploitant décida la fermeture le 15 octobre 2014. Une reprise eut lieu à partir de décembre 2014 uniquement pour les mouvements non commerciaux, hélicoptères, écoles de pilotage, air ambulance...

Trafic :

Année	Passagers
2016	36 000
2010	235 000
2000	109 000
1990	137 000
1980	66 000

En 2017, le nombre de passagers a encore baissé à 23 300. Une piste de 1 800 m est en service.

Bournemouth

Il a porté le nom de Hurn et est situé à six kms de Bournemouth. Ce fut initialement une base de la RAF à partir de 1941. Les vols commerciaux furent ouverts à partir des années 1950, dont ceux de Palmair. L'aéroport connut un développement important avec la venue de Ryanair. En 2007 et 2008, le nombre de passagers dépassa le million. Depuis le trafic a chuté avec l'arrêt des vols de Ryanair.

Il est desservi par quatre compagnies, les principales destinations sont :

- Palma   114 000
- Malaga   83 000
- Alicante   65 000
- Faro   55 000
- Tenerife-Sud   47 000

Trafic :

Année	Passagers
2016	666 000
2010	750 000
2000	273 000
1990	137 000
1980	137 000

Pour 2017 le nombre de passagers a été de 694 000. Il dispose d'une piste de 2 270 m de longueur.

Brighton-Shoreham

Il date de 1910 et est d'un des plus vieux aéroports commerciaux du monde qui a été inauguré le 20 juin 1911. Il dispose d'une aérogare « Art Déco » de 1930, qui a été classée. Il fut une base aérienne pendant la guerre et plusieurs fois bombardées. Il appartient à Brighton City Airport Ltd. L'entreprise Miles fut implantée sur le terrain et remplacée par Beagle. Il dispose d'une piste en dur de 1 000 m.

Bristol

Initialement l'aérodrome était implanté à Whitchurch depuis 1935 et avait enregistré 4 000 passagers en 1939. Il fut la base de la BOAC à partir de 1940, en remplacement de Croydon trop proche du conflit pour les vols vers l'extérieur et le Portugal. Il assura les vols commerciaux après la guerre jusqu'en 1957, où le trafic fut basculé sur Bristol « Lulsgate » devant l'impossibilité de développer la plateforme. La base de la RAF de « Lulsgate », avait été un centre d'entrainement et de missions diverses pendant la guerre, qui fut fermée le 25 octobre 1946. Elle sera rachetée par la Bristol Corporation en 1955 pour devenir l'aéroport de Bristol qui sera inauguré le 1er mai 1957. Le trafic commença à progresser et la piste fut allongée. Mais, en 1980, l'exploitation était déficitaire. Un nouveau manager, Les Nilson, réussit à rendre la gestion positive. En 1997, le nom changea pour Bristol International Airport avant de redevenir en 2010 Bristol Airport. En 2001, Go Fly établit une de ses bases et fut suivie par EasyJet et Ryanair, puis Thomas Cook Airlines et Thomson Airways, ce qui fit progresser rapidement le nombre de voyageurs.

Il est desservi par dix-huit compagnies, les principales destinations sont :
- Amsterdam   408 000
- Dublin   400 000
- Edimbourg   382 000
- Palma   340 000
- Malaga   337 000

Trafic :

Année	Passagers
2016	7 604 000
2010	5 723 000
2000	2 126 000
1990	774 000
1980	239 000

En 2017, le nombre de passagers a progressé de 8,3% à 8 234 000. L'aéroport dispose d'une piste de 2 000 m de longueur. Il a été racheté en 2014 par Ontario Teachers Pension Plan à Macquarie qui était en charge de la gestion depuis 2001.

Aéroport de Bristol

Campbeltown

L'aéroport a été une base de la RAF « Machrihanish » qui fut utilisée aussi par l'US Navy pour la guerre sous-marine. En 1995, l'activité revint au secteur civil, la piste de 3 000 m de longueur fut réduite à 1 750 m pour diminuer les frais d'entretien de la plus longue piste d'Ecosse. Loganair assure des vols vers Glasgow ne générant que 9 000 passagers par an. Il est sous la responsabilité de « Highland and Islands Airports Ltd (HIAL) » suite à sa création par la Civil Aviation Authority le 1er avril 1995.

Cambridge

Il date de 1938 et est depuis de longues années la base de Marshall Aerospace, un partenaire important dans la maintenance aéronautique. Il a proposé quelques vols commerciaux dans les années 2000, mais n'a plus d'activités en 2018. Le nombre de mouvements enregistrés en 2017 a été de 21 000.

Trafic :

Année	Passagers
2016	1 000
2010	1 000
2000	20 000
1990	30 000
1980	

La piste qui équipe l'aéroport mesure 1 950 m de longueur.

Cardiff

Base de la RAF ouverte le 7 avril 1942. En 1952, la décision fut prise d'ouvrir l'aéroport de Cardiff sur ce terrain, à la place de l'aéroport municipal de Cardiff. Des vols furent rapidement inaugurés en particulier par Aer Lingus vers Dublin et surtout par Cambrian Airways qui avait sa base sur l'aéroport. En 1995, la gestion fut privatisée à TBI (groupe Albertis et AENA) puis sera renationalisée en 2013. L'aéroport a connu un trafic dépassant les deux millions de voyageurs pendant une courte période, mais a régressé ces dernières années. L'arrivée de Flybe en 2015 et celle de Qatar Airways en 2018 devraient relancer la croissance. C'est le grand centre d'entretien des avions de la British Airways.

Il est desservi par quatorze compagnies, les principales destinations sont :
- Amsterdam   135 000
- Dublin   110 000
- Palma   108 000
- Edimbourg   94 000
- Alicante   93 000

Trafic :

Année	Passagers
2016	1 344 000
2010	1 398 000
2000	1 500 000
1990	593 000
1980	261 000

Pour 2017, le nombre de passagers a progressé de 8,9% à 1 464 000. L'aéroport est doté d'une piste de 2 300 m de longueur.

Carlisle

Cette base de la RAF « Crosby-on-Eden » était en particulier une base pour les DC3 à la fin du conflit. Cet aéroport a été rendu au civil en 1947.

Quelques liaisons furent assurées par la BEA en 1947 vers l'ile de Man, par BKS vers Leeds en 1961, par Autair en 1967 vers Londres. Le contrôle a été pris par le groupe Stobart qui attend toujours le début de liaisons régulières vers Londres-Southend, Dublin et Belfast... L'aéroport dispose d'une piste de1 800 m de longueur.

Coventry

Cet aéroport situé à six kms au Sud-est de Coventry avait été ouvert en 1936. Pendant la guerre ce fut une base de la RAF pour la chasse. Dans les années 1950, une aérogare fut ouverte et des liaisons furent assurées par Jersey Airlines puis dans les années 1960 par la BUA.

Trafic :

Année	Passagers
2016	ns
2010	ns
2000	4 000
1990	17 000
1980	Ns

Une piste de 2 000 m est en service.

Derby

L'aérodrome fut ouvert en 1938. Il devint la base RAF de « Burnaston » pendant la guerre. Après celle-ci, il reprit ses activités avec quelques lignes régulières. L'ouverture de l'aéroport d'East Midlands conduisit progressivement à sa fermeture en 1990.

Derry City of

Cet aéroport en Irlande du Nord a été ouvert en 1941 comme base de la RAF « Eglinton » et le resta jusqu'en 1950. Quelques tentatives pour implanter un trafic commercial furent faites, en particulier par Emerald Airways en 1960 vers Glasgow, puis en 1984 vers Manchester par Loganair. En 1999, Ryanair mit en place des vols. Une délégation de service public finance la ligne vers Londres-Stansted.

Il est desservi par trois compagnies, les principales destinations sont :

- Londres-Stansted   116 000
- Liverpool   81 000
- Glasgow   80 000

Il avait eu plus de 400 000 passagers en 2011 mais depuis il connait un certain déclin.

Trafic :

Année	Passagers
2016	291 000
2010	339 000
2000	63 000
1990	41 000
1980	ns

Pour 2017, le trafic a baissé de 33% avec 193 000 passagers. La piste qui est utilisée fait 1 950 m de longueur.

Doncaster-Sheffield

Les premiers vols eurent lieu en 1915 du terrain nommé « Finningley ». Ce fut une base de défense pendant la Première Guerre mondiale contre les « Zeppelins » venant bombarder les industries de Sheffield. Pendant la Seconde Guerre mondiale les vols d'entrainement de la RAF étaient nombreux. Il deviendra un aéroport civil le 28 avril 2005 et connaitra un bon développement.

Il est desservi par sept compagnies, les principales destinations sont :

- Katowice   95 000
- Gdansk   81 000
- Alicante   79 000
- Poznan   76 000
- Palma   65 000

Trafic :

Année	Passagers
2016	1 256 000
2010	876 000
2000	ns
1990	ns
1980	ns

En 2017, le nombre de passagers a progressé de 6,4% pour atteindre 1 335 000 passagers. La piste en service mesure 2 900 m de longueur.

Dundee

Cet aérodrome est situé à trois kms du centre de Dundee et fut construit sur des terrains récupérés sur la mer. Le premier vol commercial eut lieu le 5 juillet 1966. Après quelques années de faible activité, il fut fermé puis rouvert. Dans les années 1980, Air Ecosse desservait Aberdeen, Carlisle, Manchester avec des Short 330. Quelques vols furent assurés par British Midland dans les années 1990 vers Manchester. Une aérogare fut ouverte en 1999. Scot Airways assura pendant une longue période une liaison avec le London City Airport qui a été arrêtée avec la reprise de la compagnie par Loganair en 2011. Actuellement des vols sont proposés par Loganair vers Londres-Stansted. Sa grande proximité avec Edimbourg n'est pas un facteur favorable à son développement. Il est sous la responsabilité de « Highland and Islands Airports Ltd (HIAL) » suite à sa création par la Civil Aviation Authority le 1er avril 1995.

Trafic :

Année	Passagers
2016	
2010	
2000	50 000
1990	
1980	

En 2017, le nombre de passagers enregistrés a été de 21 000. La piste dont dispose l'aéroport mesure 1 400 m de longueur.

Durham-Tees Valley

Situé à seize kms de Middlesbrough, il a été une base de la RAF à partir de1941, avec comme principal utilisateurs les flottes de bombardiers, et resta en service jusqu'en 1963. A partir de1964, les vols civils ont été mis en place, le premier étant assuré par Mercury Airlines. En novembre 1969, une liaison avec Londres-Heathrow fut inaugurée, elle dura jusqu'en 2009. Ryanair avait fait fortement progresser le trafic, qui avait atteint 900 000 passagers en 2005, celui-ci s'est considérablement réduit après son départ. En 2017, trois compagnies sont présentes : KLM, Flybe et Loganair.

Trafic :

Année	Passagers
2016	131 000
2010	225 000
2000	745 000
1990	342 000
1980	264 000

Pour 2017, le trafic a encore baissé de 2,6 % avec 128 000 passagers. La piste a une longueur de 2 250 m.

East Midlands International

Ce fut une base de la RAF « Castle Donington » qui a été déclassée en 1946. Elle sera reprise par les autorités locales. En 1964, un programme important de développement fut lancé et l'aéroport fut rebaptisé « East Midlands Airport ». Des vols nombreux sont assurés vers le Sud de l'Europe. En 2002, BMI Baby commença ses opérations avec comme base principale East Midlands.

Il est desservi par huit compagnies, les principales destinations sont :
- Alicante   391 000
- Palma   340 000
- Malaga   308 000
- Tenerife-Sud   303 000
- Dublin   246 000

Trafic :

Année	Passagers
2016	4 651 000
2010	4 111 000
2000	2 227 000
1990	1 278 000
1980	667 000

Le trafic a progressé de 4,9 % en 2017 pour atteindre 4 877 000 passagers.
Il a une piste de 2 900 m de longueur.

Edimbourg

Ce fut la base aérienne de « Turnhouse », la plus au Nord pendant la
Première Guerre mondiale. Après celle-ci, un trafic limité fut enregistré.
Avec la Seconde Guerre mondiale la RAF a amélioré les installations et
resta son utilisateur jusqu'en 1960. En avril 1947, les vols civils avaient
repris notamment avec la BEA vers Londres. Le 1er avril 1971, la gestion
fut prise charge par la BAA qui devra céder celle-ci à Global Infrastructure
Partners qui gère aussi Londres-Gatwick.

Il est desservi par trente-quatre compagnies, les principales destinations
sont :

- Londres-Heathrow   1 053 000
- Londres-Stansted   836 000
- Londres-Gatwick   700 000
- Amsterdam   651 000
- Dublin   597 000

Quatre compagnies transportant du fret sont présentes également.

Trafic :

Année	Passagers
2016	12 398 000
2010	8 594 000
2000	5 498 000
1990	2 492 000
1980	1 162 000

En 2017 le trafic a progressé de 8,6% pour atteindre 13 409 000 passagers. Pour assurer le trafic il y a deux pistes, l'une de 2 250 m et l'autre de1 800 m.

Exeter

Ouverture le 31 mai 1937 qui conduisit aussitôt Jersey Airways à ouvrir des liaisons vers les iles Anglo-normandes. Pendant la guerre ce fut une base pour la RAF et pour l'USSAF. Les activités militaires prirent fin dans les années 1950. A partir de 1952, les vols civils ont repris. Un nouveau terminal fut ouvert au début des années1980.

Il est desservi par quatre compagnies, les principales destinations sont :
- Manchester   113 000
- Palma   52 000
- Jersey   46 000
- Edimbourg   45 000
- Amsterdam   44 000

Trafic :

Année	Passagers
2016	847 000
2010	737 000
2000	318 000
1990	79 000
1980	

En 2017, le nombre de passagers a été de 908 000 en hausse de 7,2%. La piste fait 2 000 m de longueur.

Glasgow International

Il a porté le nom d'Abbotsinch dès son ouverture en 1932. Il sera une base de la RAF et de la Royal Navy jusqu'en 1963. A cette date, la Glasgow Corporation décida le transfert des activités civiles de l'aéroport de Renfrew (situé à trois kms) à Abbotsinch rebaptisé Glasgow International Airport. Le premier vol, un DH « Comet4 » de la BEA se posa le 2 mai 1966. En 1975, son contrôle fut pris par BAA (British Airport Authority) qui fut privatisée à la fin des années 1980. Le trafic transatlantique qui était réservé à Glasgow-Prestwick put utiliser le terrain. Il est desservi par vingt quatre compagnies, plus une pour le fret.

Les principales destinations sont :
- Londres-Heathrow   893 000
- Londres-Stansted   652 000
- Londres-Luton   608 000
- Dublin   486 000
- Amsterdam   436 000

Trafic :

Année	Passagers
2016	9 324 000
2010	6 522 000
2000	6 924 000
1990	4 266 000
1980	2 329 000

Pour l'année 2017, le nombre de passagers a été de 9 894 000 en hausse de 5,9%. Il dispose d'une piste de 2 660 m de longueur.

Glasgow-Prestwick

Situé à cinquante kms du centre de Glasgow, il fut ouvert en 1934. Base de la RAF, il fut le point d'entrée des vols venant des Etats-Unis en 1945. Il a un rôle d'aéroport de dégagement en cas de brouillard car le temps y est particulièrement clair. La base fut utilisée par le MATS (Military Air Transport Service) américain pour gérer les vols militaires traversant l'Atlantique Nord. Il est desservi par cinq compagnies, dont quatre pour le fret et Ryanair pour les passagers.

Les principales destinations sont :

- Barcelone   87 000
- Malaga   85 000
- Alicante   82 000
- Tenerife-Sud   81 000
- Faro   66 000

Son trafic a été fluctuant de 11 000 passagers en 1992 à 2 400 000 en 2006, pour redescendre à 672 000 en 2016. Pour 2018, Ryanair pourrait réduire ses vols.

Trafic :

Année	Passagers
2016	672 000
2010	1 660 000
2000	905 000
1990	65 000
1980	394 000

Pour 2017, le nombre de passagers a été de 695 000 en hausse de 3,6%. Il est doté de deux pistes : l'une de 3000 m de longueur, l'autre de 1900 m. Les installations de Scottish Aviation ont été sur ce terrain.

Aéroport de Glasgow-Prestwick

Glasgow-Renfrew

Il était situé à trois kms de l'aéroport actuel. Il a été ouvert au trafic civil en 1933, devenu base de la RAF pendant la guerre. Une nouvelle aérogare fut inaugurée en 1954 malgré les difficultés d'exploitation. En 1966, le trafic a été transféré à Abbotsinch. L'aéroport a été fermé.

Trafic :

Année	Passagers
1965	1 240 000
1960	652 000
1955	305 000
1950	138 000

Gloucestershire airport

Aussi appelé « Staverton airport », il est proche de Gloucester et Cheltenham. Il a été ouvert en 1931, fut une base de la RAF pendant la Seconde Guerre mondiale, surtout pour la formation. C'est un très grand centre d'aviation d'affaires qui rassemble beaucoup d'entreprises pour assurer la maintenance. Plus de deux mille salariés travaillent sur le site. Des hélicoptères sont également en nombre sur le terrain. La compagnie Citywing a assuré des vols vers les îles Anglo-normandes de 2013 à 2017, date de sa liquidation.

Trafic :

Année	Passagers
2016	12 000
2010	16 000
2000	2 000
1990	5 000
1980	10 000

Pour 2017, le nombre de passagers a été de 1000. La piste principale fait 1 400 m de longueur.

Guernesey

Son ouverture remonte au 5 mai 1939. Après l'occupation allemande, il reprendra ses activités civiles en 1946. La BEA assura une liaison avec Southampton en 1948, puis il y aura Jersey Airlines, Aurigny Air Service qui a son siège sur l'aéroport. En 2002, une nouvelle aérogare fut mise service et la piste portée à 1550 m.

Il est desservi par cinq compagnies, les principales destinations sont :
- Londres-Gatwick   311 000
- Southampton   135 000
- Jersey   114 000
- Manchester   65 000
- Alderney   34 000

Trafic :

Année	Passagers
2016	874 000
2010	923 000
2000	884 000
1990	862 000
1980	534 000

Pour 2017 le nombre de passagers a diminué de 3,6% à 809 000.

Aéroport de Guernesey

Hawarden

Cet aéroport gallois, proche de Chester, fut une base de maintenance de la RAF pendant la Seconde Guerre mondiale et un centre de production pour Vickers et Avro. Les installations furent confiées à de Havilland après le conflit. Elles deviendront progressivement un centre de production d'Airbus.

Le trafic commercial a été faible dans l'histoire de la plateforme. Dans les années 1960, British Eagle venait depuis Londres. Air Wales était présente en 1977. Actuellement des vols pour les collaborateurs d'Airbus sont assurés vers Toulouse. La piste mesure 2 040 m de longueur.

Humberside

Base de la RAF « Krimington » ouverte en 1941, elle accueillait des flottes de bombardiers « Lancaster ». L'aérodrome sera fermé de 1945 à 1974. Ouvert au trafic civil, il a connu un développement limité. Son trafic atteignait plus de 500 000 passagers en 2004, mais a décliné régulièrement depuis avec l'ouverture de Doncaster (45 kms), la proximité de l'aéroport de Leeds (120 kms) et celui d'East Midlands (110 kms).

Il est desservi par cinq compagnies, les principales destinations sont :

- Amsterdam   118 000
- Aberdeen   18 000
- Palma   8 000
- Burgas   6 000
- Tenerife-Sud   2 000

Trafic :

Année	Passagers
2016	201 000
2010	283 000
2000	446 000
1990	135 000
1980	37 000

En 2017 le déclin continue avec 190 000 passagers, en baisse de 5,4%. La piste fait 2 200 m de longueur.

Inverness

Situé à treize kms d'Inverness, sa construction débuta en 1940 pour la RAF. Il fut ouvert au trafic civil en 1947. La BEA avait ouvert une ligne vers Londres, sera remplacée par Dan Air. Cette desserte fut périodique en fonction de la conjoncture économique. En 2004, le groupe TUI a ouvert le marché des vols vacances. Il est comme dix autres aéroports écossais sous la responsabilité de « Highland and Islands Airports Ltd (HIAL) » suite à sa création par la Civil Aviation Authority le 1er avril 1995.

Il est desservi par sept compagnies, les principales destinations sont :
- Londres-Gatwick   238 000
- Londres-Luton   134 000
- Bristol   88 000
- Manchester   68 000
- Londres-Heathrow   58 000

Loganair dessert depuis Inverness plusieurs destinations: Benbecula, Bergen, Dublin, Kirkwall, Manchester, Stornoway, Sumburgh.

Trafic :

Année	Passagers
2016	782 000
2010	528 000
2000	341 000
1990	216 000
1980	141 000

En 2017 l'aéroport a connu une progression de 11,8% avec 874 000 passagers. La piste principale fait 1 880 m de longueur.

Ipswich

Ouvert comme aérodrome municipal en 1930, il fut doté d'une aérogare qui a été classée en 1996. Il a été une base de la RAF « Nacton ». Quelques vols commerciaux furent assurés par Channel Airways et Suckling Airways. L'aéroport a été fermé le 31 décembre 1996.

Islay

Si un premier terrain fut utilisé à partir de 1930, c'est avec la guerre qu'une base de la RAF fut implantée près de Port Ellen. L'aéroport est desservi par deux compagnies, Loganair vers Glasgow et Hébrian vers Oban. Il est sous la responsabilité de « Highland and Islands Airports Ltd (HIAL) » suite à sa création par la Civil Aviation Authority le 1er avril 1995.

Trafic :

Année	Passagers
2016	28 000
2010	25 000
2000	21 000
1990	21 000
1980	14 000

Pour l'année 2017, le nombre de voyageurs a été de 28 000. L'aéroport dispose d'une piste principale de 1 500 m de longueur.

Isle of Man

L'aéroport est aussi connu sous le nom de Ronaldsway. Il est implanté à onze kms de Douglas, la principale ville de l'ile. Les premiers vols eurent lieu en 1928 et les liaisons commerciales en 1933 par Blackpool and West Coast Air services. En 1934, ce fut Aer Lingus puis Railway Air Services. Pendant la guerre, le terrain devint une base de la RAF, tout en gardant un petit trafic civil, une exception pendant la guerre. Après celle-ci le trafic commercial, a continué avec un développement régulier. Il est desservi par cinq compagnies, en particulier Flybe et EasyJet.

Les principales destinations sont :
- Liverpool   213 000
- Manchester   159 000
- Londres-Gatwick   154 000
- London-City   74 000
- Dublin   42 000

Trafic :

Année	Passagers
2016	791 000
2010	675 000
2000	703 000
1990	532 000
1980	303 000

En 2017, le trafic a été stable avec 797 000 passagers. Il dispose d'une piste de 2 100 m de longueur.

Jersey

Ouverture de l'aéroport en 1937 avec quatre pistes en herbe. Il fut occupé par les allemands pendant la Seconde Guerre mondiale. Ils amélioreront les pistes en service et construiront des hangars. En avril 1952, ce sera la mise en service d'une piste en dur de 1 300 m de longueur. Elle a été allongée depuis à 1700 m.

Jersey est desservi par quinze compagnies, les principales destinations sont :

- Londres-Gatwick   659 000 passagers
- Southampton   162 000
- Liverpool   115 000
- Guernesey   114 000
- Birmingham   60 000

Trafic :

Année	Passagers
2016	1 614 000
2010	1 963 000
2000	1 636 000
1990	1 867 000
1980	1 352 000

Pour 2017, le nombre de passagers enregistrés a été de 1 600 000.

Kirkwall

C'est le principal aéroport des iles Orcades. Il est situé à cinq kms de Kirkwall. Il fut une base militaire importante notamment pour la protection de la base navale de Scapa Flow. En 1948, l'aéroport passa sous le contrôle du Ministère de l'Aviation Civile. Son principal utilisateur est Loganair avec une douzaine de destinations. Il est comme dix autres aéroports écossais sous la responsabilité de « Highland and Islands Airports Ltd (HIAL) » suite à sa création par la Civil Aviation Authority le 1er avril 1995.

Trafic :

Année	Passagers
2016	153 000
2010	129 000
2000	87 000
1990	106 000
1980	81 000

L'année 2017 a vu 155 000 passagers sur les installations. Il est doté d'une piste de 1 400 m de longueur.

Lands' End

Aéroport de St Just a une piste en herbe de 800 m de longueur.

Trafic :

Année	Passagers
2016	64 000
2010	30 000
2000	
1990	
1980	

En 2017 le nombre de passagers a baissé de 8,5% à 59 000.

Leeds-Bradford

Ouverture le 17 octobre 1931 sur la commune de Yeadon. La compagnie North Eastern Airways inaugura le premier vol commercial le 8 avril 1935 sur l'axe Londres-Newcastle. Pendant la guerre ce sera une base de la RAF. Pour soutenir l'effort de guerre, une usine Avro sera implantée sur le terrain. La reprise des vols civils aura lieu en 1947. Vers 1955 les principaux vols étaient vers Belfast, Ostende, Dublin, Düsseldorf, etc. A partir des années 1970 les vols « tout compris » auront un grand succès avec le développement du trafic qui se poursuivra jusqu'à notre époque L'aéroport sert de base à Flybe, Jet2, Ryanair notamment.

Il est desservi par douze compagnies. Les principales destinations sont :
- Alicante   372 000
- Dublin   294 000
- Malaga   277 000
- Palma   256 000
- Amsterdam   253 000

Trafic :

Année	Passagers
2016	3 611 000
2010	2 724 000
2000	1 575 000
1990	834 000
1980	362 000

L'année 2017 a connu une hausse de12,8% avec 4 074 000 passagers. L'aéroport est doté d'une piste de 2 250 m de longueur. Il est depuis 2007 sous la direction de Bridgepoint Capital qui investit pour le développement des installations.

Liverpool-John Lennon

Les débuts de l'aviation commerciale à Liverpool remontent à 1930 avec des vols d'Imperial Airways vers Croydon. Ouverture de l'aéroport de Speke en 1933 avec une demande de plus en plus forte pour les passages vers l'Irlande jusqu'à la guerre. Avec celle-ci, l'aéroport passe sous le contrôle de la RAF. L'assemblage d'avions est assuré dans des installations implantées sur le terrain, en particulier de nombreux avions américains avec des composants venus par bateaux depuis les Etats-Unis. Après la guerre, le trafic civil reprend dès 1945 avec 50 000 voyageurs enregistrés, puis 75 000 en 1948. La compagnie Starways assura des lignes régulières au départ de Liverpool à partir de1955, en particulier vers Londres. En 1986, une nouvelle aérogare fut inaugurée. En 2001 la décision fut prise de rebaptiser l'aéroport du nom de John Lennon, le « Beatles » tragiquement disparu à New-York en 1980 et qui avait commencé sa carrière exceptionnelle avec ses amis à Liverpool. Une statue en bronze du chanteur a été implantée dans l'aérogare. Sur le plan commercial, le trafic a connu une progression forte, en passant de 474 000 passagers en 1990 à dix fois plus en 2016.

Trafic :

Année	Passagers
2016	4 777 000
2010	5 008 000
2000	1 981 000
1990	474 000
1980	380 000

En 2017 la hausse a été de 2,5% pour atteindre 4 896 000 voyageurs.

Les principales destinations au départ de l'aéroport sont :
- Dublin   542 000 passagers
- Belfast-International   465 000
- Barcelone   261 000
- Amsterdam   257 000
- Malaga   227 000

La piste en service a 2 250 m de longueur. La gestion fut assurée par la ville de Liverpool, puis par British Aerospace. En 2017, c'est Vancouver Airport Service qui assume la gestion de la plateforme.

Aéroport de Liverpool-John Lennon

Manchester

L'aéroport est situé à neuf kms au Sud-ouest de Manchester. Sa construction a commencé en février 1935, avec une mise en service partielle en juin 1937 et une inauguration le 23 juin 1938. Pendant la guerre, ce fut une importante base de la RAF et un centre de production. Ringway, le nom de l'aéroport reviendra à la vie civile avec un développement régulier. En 1993, une gare sera inaugurée pour faciliter l'accès. En 2001, une seconde piste sera inaugurée après un long conflit avec les riverains. Avec deux pistes de 3000 m de longueur, l'aéroport a un bon potentiel de développement. Il dispose de trois terminaux.

Il est desservi par soixante-quatre compagnies et les principales destinations sont :

- Amsterdam   1 023 000
- Dublin   978 000
- Dubaï   932 000
- Tenerife Sud   862 000
- Alicante   807 000
- Palma   758 000
- Malaga   654 000
- Londres-Heathrow   693 000

- Paris-CDG   567 000
- Faro   512 000

Par ailleurs cinq transporteurs cargos opèrent sur la plateforme.

Trafic :

Année	Passagers
2016	25 599 000
2010	17 663 000
2000	18 352 000
1990	10 146 000
1980	4 315 000

Le nombre de mouvements a été de 173 165 en 2015 et de 192 593 en 2016. Pour 2017, le trafic a progressé de 8,5% pour atteindre 27 779 000 passagers et le nombre de mouvements 196 000. L'aéroport ayant deux pistes, les trente mouvements à l'heure sont absorbés facilement.

Aéroport de Manchester

Newcastle

Il est situé à dix kms au Nord-ouest de la ville. Il fut inauguré le 26 juillet 1935 comme Woolsington aérodrome. Il eut une petite activité jusqu'aux années 1970 où son trafic atteignit un million de passagers. Des améliorations furent apportées et en 1991 une station de métro fut ouverte, facilitant l'accès depuis la ville. En 2006, il connut une pointe de trafic avec 5,4 millions de voyageurs qui déclina avec la crise de 2008. Une reprise a lieu depuis 2016. En 2016, une liaison avec New York fut assurée par United Airlines mais cessa en 2017. Emirates Airlines assure des vols vers Dubaï.

Newcastle International Airport est desservi par seize compagnies, les principales destinations sont :
- Londres-Heathrow   500 000
- Amsterdam   363 000
- Alicante   340 000
- Palma   257 000
- Belfast International   250 000

Trafic :

Année	Passagers
2016	4 805 000
2010	4 346 000
2000	3 147 000
1990	1 525 000
1980	917 000

En 2017, avec 5 297 000 passagers le trafic a progressé de10,3%. Il est géré par un groupe d'actionnaires avec les collectivités locales à 51% et le groupe australien AMP pour 49%. Il dispose d'une piste de 2 300 m de longueur.

Aéroport de Newcastle

Newquay-Cornwall

Cet aéroport fut ouvert en 1933. Il devint une base importante de la RAF et de l'US Air Force pour les patrouilles maritimes à long rayon d'action, grâce à a longueur de la piste. Il resta une base militaire jusqu'en 2006. Le trafic civil démarra avant la fin de l'activité militaire et il est desservi par cinq compagnies en particulier par Flybe.

Les principales destinations sont :

- Londres-Gatwick   150 000 passagers
- Manchester   66 000
- Birmingham   24 000
- Dublin   22 000
- Londres-Stansted   21 000

Trafic :

Année	Passagers
2016	370 000
2010	285 000

Pour l'année 2017, la progression a été de 24,2% avec 460 000 passagers. Le terrain est doté d'une piste de 2 700 m de longueur.

Norwich

Cet aéroport a été initialement une base de la RAF Norwich « St Faith » ouverte en 1939 à Hellsdon, situé à cinq kms de Norwich. Pendant la guerre, des bombardiers anglais et américains y ont été basés. En 1967, la RAF a fermé la base et, en 1968, l'aéroport est devenu civil. En 1971, les premiers vols d'Air Anglia ont ouvert des lignes régulières. En mars 2004, le groupe « Omniport » a pris 80% du capital

Il est desservi par neuf compagnies, en particulier Flybe, les principales destinations sont :

- Amsterdam   143 000
- Aberdeen   42 000
- Manchester   26 000
- Edinburg   26 000
- Exeter   22 000

Trafic :

Année	Passagers
2016	506 000
2010	426 000
2000	367 000
1990	206 000
1980	154 000

Pour 2017, le nombre de passagers a été de 511 000. Il est dote d'une piste de 1 800 m de longueur.

Oxford

Cet aéroport situé à cent kms de Londres a été ouvert en 1935 comme terrain municipal. Il deviendra une base de la RAF pendant la guerre. Après celle-ci, Oxford sera surtout spécialisé dans la formation, avec la « Oxford Aviation Academy », les vols privés et d'affaires. En 1968, il enregistra 223 000 mouvements... En 2010, une tentative de ligne vers Edimbourg par Vanity Express dura une semaine... puis, en 2012, Manx2 assura des vols entre Oxford et l'Ile de Man, puis Minoan Airlines en 2013 tenta sa chance vers Dublin et Edimbourg. En 2017, il n'y a plus de lignes régulières. L'activité est à 35% la formation, 10% les vols d'affaires et 55% des vols privés. Pour faciliter le trafic dans la région de Londres, le projet est de lancer des vols commerciaux vers Amsterdam, Belfast, Edimbourg, Francfort, Glasgow, Jersey, Rome et Paris. Il est doté d'une piste de 1 500 m de longueur.

Plymouth

Il fut inauguré en 1931 par le Prince de Galles, le futur roi Edouard VIII. Pendant la guerre, ce fut une base de la RAF « Roborough ». Après le conflit, le trafic civil se développa pour atteindre 157 000 passagers en 2009. Mais la fermeture de la liaison avec Londres exploitée par Air Southwest le 1er février 2011, qui apportait près de 60 000 passagers, conduira à la fermeture de l'aéroport le 23 décembre 2011.

Principales destinations :

- Londres-Gatwick   57 000 passagers
- Glasgow   25 000
- Manchester   24 000
- Newcastle   16 000
- Jersey   13 000

Des actions ont été menées par différents groupes pour relancer les activités mais, pour l'instant, sans succès. Une étude du « Department of Transport » a conclu que le potentiel de trafic ne semblait pas suffisant pour justifier une reprise des activités.

Trafic :

Année	Passagers
2016	0
2010	96 000
2000	113 000
1990	123 000
1980	

La piste fait 1150 m de longueur.

Portsmouth

Création en 1931 du Portsmouth Municipal Airport. Une usine de la société Airspeed y fut implantée. Le terrain étant limité, il ne pourra être développé, n'aura pas de piste en dur et sera fermé en 1963.

Saint Mary-Isle of Scilly

La desserte des iles Scilly se fait depuis Lands'End. Une desserte en hélicoptères était assurée depuis Penzance mais est suspendue pour l'instant. Il ya une piste en dur de 650 m de longueur.

Trafic :

Année	Passagers
2016	95 000
2010	113 000
2000	128 000
1990	115 000
1980	96 000

En 2017, le nombre de passagers a été de 92 000 en baisse de 3,4%.

Scatsta

Cet aéroport a été construit à partir de 1940 comme base de chasseurs pour la RAF. Abandonné après la guerre, il sera ouvert au trafic civil en 1978 pour soutenir les équipes travaillant à l'exploitation des richesses pétrolières en mer. Sa principale liaison est une navette avec Aberdeen.

Trafic :

Année	Passagers
2016	162 000
2010	279 000
2000	240 000
1990	13 000
1980	

En 2017, le nombre de passagers a progressé de 5,4% avec 171 000 passagers. Il dispose d'une piste de 1 380 m de longueur.

Sheffield City Airport

Il fut ouvert en 1997 pour desservir la grande ville industrielle. Le développement fut faible car la piste ne faisant que 1 200 m ne permettait pas aux compagnies « low cost » de proposer des vols vers les lieux de vacances dans le Sud de l'Europe. L'aéroport enregistra un maximum de 75 000 voyageurs en 1999, principalement avec les vols de Flybe et Eastern Arways. La meilleure desserte étant Amsterdam. Devant le déficit de 400 000 £ par an la fermeture eut lieu le 30 avril 2008.

Stornoway

Il fut mis en service en 1937 comme base de la RAF. Rôle qu'il conserva pendant la guerre. Il fut une base de l'Otan de 1972 à 1998. Il reçoit des vols commerciaux surtout de Loganair depuis Glasgow, Edimbourg, Benbecula ainsi que des vols d'hélicoptères et des avions d'affaires.

Trafic :

Année	Passagers
2016	124 000
2010	112 000
2000	90 000
1990	83 000
1980	ns

Pour 2017, le nombre de passagers a été de 125 000. Il est sous la responsabilité de « Highland and Islands Airports Ltd (HIAL) » suite à sa création par la Civil Aviation Authority le 1er avril 1995. Son passé militaire fait qu'il dispose de deux pistes, l'une de 2400 m et l'autre de 1000 m.

Sumburgh

L'aéroport est situé à trente kms de Lerwick, dans les Shetland et fut mis en service le 4 mars 1936. Il fut une base de la RAF. Il est maintenant comme dix autres aéroports écossais sous la responsabilité de « Highland and Islands Airports Ltd (HIAL) » suite à sa création par la Civil Aviation Authority le 1er avril 1995. Il est desservi par Loganair qui a sept destinations. Il accueille un trafic important d'hélicoptères lié à l'exploitation pétrolière en mer.

Les principales liaisons au départ de l'aéroport sont vers :
- Aberdeen   107 000 passagers
- Edimbourg   43 000
- Glasgow   29 000
- Kirkwall   9 000
- Inverness   3 500

Trafic :

Année	Passagers
2016	249 000
2010	139 000
2000	120 000
1990	432 000
1980	598 000

Pour l'année 2017, le nombre de voyageurs enregistrés a été de 250 000. Il dispose de deux pistes de 1 500 m et 1 400 m de longueur. La piste 09 proche d'une route dispose de barrières pour stopper le trafic routier lors des mouvements d'avions sur cette piste !

Aéroport de Sumburgh

Southampton

Sa création remonte à 1910 quand l'aviateur Monn y fit ses premiers vols. Pendant la Première Guerre mondiale, le terrain servira de centre pour les forces américaines, puis deviendra un camp de transit pour les migrants partant vers les Etats-Unis. En 1932, ce fut l'ouverture du Southampton Municipal Airport. Supermarine avait implanté son centre d'essais dès

1935. Pendant la guerre, le terrain servira principalement pour les vols d'entraînement. A partir de 1950, ce sont les vols transmanche de Silver City Airways qui occupèrent les installations. L'aéroport a bénéficié de l'implantation d'une gare au contact de l'aérogare, ce qui est un avantage important pour les passagers des dix compagnies qui desservent Southampton. La gare de Londres-Waterloo est à soixante six minutes seulement. La piste est en macadam depuis 1963 et fait 1 700 m de longueur. Le trafic est stable autour de deux millions de passagers par an depuis 2007.

Les principales liaisons assurées au départ de l'aéroport sont vers :
- Edimbourg   198 000 passagers
- Manchester   189 000
- Amsterdam   188 000
- Glasgow   179 000
- Jersey   162 000

Trafic :

Année	Passagers
2016	1 947 000
2010	1 734 000
2000	857 000
1990	488 000
1980	285 000

En 2017, le nombre de passagers a été de 2 069 000 en hausse de 6,3%. La gestion est assurée depuis 2014 par A.G.S Airports qui est l'association de Ferrovial et du groupe Macquarie.

Aéroport de Southampton

Stornoway

Il fut ouvert en 1937 comme base de la RAF puis de l'Otan jusqu'en 1998. Il est desservi par Flybe vers Aberdeen et Glasgow et par Loganair pour quatre destinations. Il est sous la responsabilité de « Highland and Islands Airports Ltd (HIAL) » suite à sa création par la Civil Aviation Authority le 1er avril 1995.

Trafic :

Année	Passagers
2016	124 000
2010	112 000
2000	90 000
1990	83 000
1980	80 000

Pour 2017, le nombre de passagers a été de 125 000. Sa piste principale fait 2 300 m de longueur.

Swansea

Il fut ouvert le 15 juin 1941 comme base de la RAF sous le nom de « Fairwood Common ». Il eut des vols commerciaux à partir du 1er juin 1957 par Cambrian Airways vers Jersey et par Morton sur Londres. Les liaisons furent suspendues en 1969 par manque de passagers. Pendant les années 1970/1980, seulement quelques vols de Dan Air, assurant des vols vacances, se posèrent à Swansea. De 2001 à 2004, Air Wales assura des vols vers Dublin, Cork, Amsterdam, Jersey et Londres. Depuis, seul des vols privés sont reçus. L'avenir pour les vols commerciaux est incertain : la piste ne mesure que 1 360 m, incompatible avec les avions desservant les villes vacances de la Méditerranée et par ailleurs les riverains voient d'un mauvaise œil la reprise des dessertes…

Tiree

Cet aéroport est situé sur la côte Ouest de l'Ecosse, à trois kms de Balemarine, fut une base de la RAF « Station Tiree » jusqu'en 1947. Il est desservi par Loganair depuis Glasgow et par quelques vols locaux. Il est doté d'une piste de 1 450 m de longueur. Il est sous la responsabilité de « Highland and Islands Airports Ltd (HIAL) » suite à sa création par la Civil Aviation Authority le 1er avril 1995.

Westray

Aéroport dans les Orcades qui est connu pour son vol vers Papa Westray qui dure environ une minute pour les 2,8 kms de distance. C'est le vol le plus court du monde ! Loganair assure le service au départ d'une piste 520 m de longueur…

Wick

Situé à l'extrême Nord-est de l'Ecosse continentale, son activité a commencé en 1933 avec des vols d'Highland Airways jusqu'en 1939. Il deviendra une base de la RAF, jouant un rôle important dans les vols de reconnaissance vers la côte norvégienne pendant la Seconde Guerre mondiale. Des vols vers Aberdeen et Edimbourg sont proposés par Loganair. Il est sous la responsabilité de « Highland and Islands Airports Ltd (HIAL) » suite à sa création par la Civil Aviation Authority le 1er avril 1995.

Trafic :

Année	Passagers
2016	20 000
2010	22 000
2000	20 000
1990	32 000
1980	38 000

Pour 2017, le nombre de passagers a été de 18 000. Il dispose d'une piste de1 800 m de longueur.

Importance du trafic vers l'Espagne depuis les aéroports britanniques :

2016	Barcelone	Madrid	Alicante	Malaga	Tenerife Sud	Palma
Aéroports londoniens	3 020 000	2 835 000	924 000	2 007 000	862 000	1 457 000
Manchester	446 000	167 000	807 000	694 000	862 000	758 000
Birmingham	308 000	136 000	365 000	383 000	394 000	356 000
East Midlands	88 000	300	91 000	308 000	303 000	540 000
Newcastle	98 000	100	340 000	238 000	215 000	257 000
Edinbourg	181 000	185 000	206 000	183 000	216 000	183 000
Glasgow	87 000	140	82 000	85 000	81 000	225 000
Belfast	40 000	-	153 000	197 000	90 000	147 000
Divers aéroports	528 000	185 000	2 025 000	1 377 000	958 000	1 293 000
Total	4 796 000	3 510 000	4 521 000	5 472 000	3 981 000	5 016 000

Avec plus de vingt-sept millions de voyageurs entre le Royaume-Uni et l'Espagne, ce trafic considérable est le résultat pour l'essentiel de l'attrait exercé par le soleil et la mer pour les britanniques, souvent frustrés par un temps maussade. Initialement ce furent les vols charters « tout-compris » qui ont attirés les passagers. Depuis une quinzaine d'années ce sont les vols «low-cost» qui transportent des millions de touristes vers les grandes institutions du soleil que sont Barcelone, Malaga, Alicante, Palma,

Tenerife-Sud, ainsi que les stations portugaises comme Faro, Porto et Lisbonne.

Pour essayer d'apporter des solutions au problème de la saturation des aéroports ; il y a différentes possibilités :

L'utilisation plus poussée des chemins de fer avec en particulier les lignes de TGV. En Grande-Bretagne la liaison Londres-Birmingham devrait entrer en service vers 2026 et la prolongation sur Manchester et Leeds après 2030, pour un coût total de cent milliards de livres... Ce programme allègera assez peu le trafic les aéroports londoniens et pourrait même l'augmenter à Heathrow et Gatwick, les passagers de province profitant d'un choix de vols plus important au départ de ces aéroports que des sites provinciaux ! Vers le continent le TGV a permis de réduire le nombre vols vers Paris et Bruxelles. Amsterdam est aussi reliée à Londres, mais le temps de parcours est de près de quatre heures. De même vers Cologne, Düsseldorf le voyage reste assez long. Le nombre considérable de voyageurs « vacances » vers l'Espagne, le Portugal, l'Italie, la Grèce notamment ne peut trouver une solution avec le TGV, ni en temps ni financièrement. L'avion reste le meilleur moyen pour se rendre vers le soleil !

Avec de nouvelles pistes, les 300 millions de voyageurs pour 2040 pourraient être accueillis, mais probablement avec des cohues...

- Heathrow   125 millions de passagers avec une 3ème piste
- Gatwick   75 millions de passagers avec une 2ème piste
- Stansted   50 millions de passagers avec une 2ème piste
- Luton   35 millions de passagers avec une 2ème piste
- City   5 millions de passagers
- Southend   10 millions de passagers

La sécurité aérienne

Les accidents

Le monde aérien a apporté un grand progrès à l'homme, en rapprochant les populations à travers le monde, mais une des tristes conséquences est d'avoir brisé des vies. Dans les premières années, il y a eu beaucoup de victimes en comparaison du faible nombre de voyageurs. Les temps présents montrent que le talent et la rigueur des femmes et des hommes impliqués dans les métiers de l'aviation, ont permis de réduire de manière drastique les risques liés au voyage aérien. En 2017, plus de quatre milliards de passagers ont voyagé sur les lignes aériennes, il n'y a eu aucune victime !

Compagnie	Date	Lieu	Nombre de victimes	Appareils
Air Ferry	02/06/1967	France Mont Canigou	88	DC4
Air Ferry	21/01/1967	Près de Francfort	2	DC4
Air Transport Charter	27/03/1951	Manchester	2	DC3
Air Transport Charter	20/05/1948	Bovington UK	3	DC3
Airwork	25/08/1952	Trapani Italie	7	HP Hermes
Aquila Airways	15/11/1957	UK	45	Hydravion
B K S	03/07/1968	Londres-Heathrow	6	Airspeed
B K S	17/10/1961	UK	2	DC3
Britannia Airways	01/09/1966	Ljubljana	98	Bristol Britannia
Britavia	05/04/1956	Londres-Blackbushe	7	HP Hermes
British Airtours	22/08/1956	Manchester	55	Boeing 737
British Airways	10/09/1976	Collision au dessus de	63	DH Trident
British Airways	22/11/1974	Détournement depuis Dubai	1	Vickers VC 10
British Caledonian	19/07/1972	Kerkyria (Grèce)	1	Bac 111
British Eagle	09/08/1968	Près d'Innsbruck	48	Vickers
British Eagle	28/02/1964	Mt Glungezer Autriche	83	Bristol Britannia
British European Airways	19/01/1973	Glasgow	4	Vickers
British European Airways	18/06/1972	Près de Londres	118	DH Trident
British European Airways	12/10/1967	Demere (Turquie)	66	DH Comet 4
British European Airways	27/10/1965	London Heathrow	36	DH Vanguard
British European Airways	21/12/1961	Ankara(Turquie)	27	DH Comet 4
British European Airways	22/10/1968	Collision au dessus d'Anzio	31	Vickers
British European Airways	16/05/1958	Chatenoy (France)	3	DC3
British European Airways	06/02/1958	Munich	23	Airspeed
British European Airways	28/07/1957	Islay (Ecosse)	3	DH Heron
British European Airways	14/03/1957	Manchester	20+2 (sol)	Vickers
British European Airways	05/01/1957	Belfast	27	Vickers Viking
British European Airways	03/10/1950	London-Heathrow	28	Vickers Viking

Compagnie	Date	Lieu	Nombre de victimes	Appareils
British European Airways	17/10/1950	Mill Hill (UK)	28	DC3
British European Airways	19/08/1949	Manchester	24	DC3
British European Airways	19/02/1949	Exhall (UK)	10	DC3
British European Airways	09/04/1948	Berlin	14	Vickers Viking
British European Airways	06/01/1948	London-Northolt	1	Vickers Viking
British European Airways	07/08/1946	Oslo	3	DC3
B S A A	17/01/1949	Atlantique central	20	Avro Tudor 4B
B S A A	05/01/1949	Brésil	3	Avro York
B S A A	30/01/1948	Atlantique central	31	Avro Tudor 1
B S A A	02/08/1947	Près de Mendoza	11	Avro
B S A A	12/04/1947	Dakar	6	Avro York
B S A A	02/07/1946	Bathurst (Gambie)	24	Avro York
British Midland	08/02/1989	Keyworth	47	Boeing 737
British Midland	20/03/1969	Manchester	3	Vickers
British Midland	04/06/1967	Stockport	72	Argonaut
British Overseas Airways	08/04/1968	London-Heathrow	5	Boeing 707
British Overseas Airways	05/03/1966	Mont Fuji (Japon)	124	Boeing 707
British Overseas Airways	24/12/1958	Près de London-Heathrow	9	Bristol Britannia
British Overseas Airways	24/06/1956	Kano (Nigéria)	32	Argonaut
British Overseas Airways	21/09/1955	Tripoli	15	Argonaut
British Overseas Airways	25/04/1954	Glasgow	28	Boeing
British Overseas Airways	08/04/1954	En mer (Italie)	21	DH Comet 1
British Overseas Airways	13/03/1954	Singapour	33	Lockheed
British Overseas Airways	10/01/1954	Ile d'Elbe	35	DH Comet 1
British Overseas Airways	02/05/1953	Calcutta	43	DH Comet 1
British Overseas Airways	26/05/1952	Près d'Atar (Mauritanie)	1	HP Hermes
British Overseas Airways	23/08/1947	Bahrain	10	Hydravion
British Overseas Airways	16/07/1947	Iran	6	Avro York

Compagnie	Date	Lieu	Nombre de victimes	Appareils
British Overseas Airways	11/01/1947	Stowing (UK)	8	DC3
British Overseas Airways	14/08/1946	Malte	1	DC3
British Overseas Airways	23/03/1946	Ocean Indien	10	Avro
British United Airways	14/04/1965	Jersey	26	DC3
British World	25/02/1994	Uttoxeter	1	Vickers
Caledonian Airways	04/03/1962	Douala (Cameroun)	111	DC7C
Cambrian Airways	20/07/1965	Près de Liverpool	2+2(sol)	Viscount
Channel Airways	03/05/1967	Southend	0+2 (sol)	Vickers
Channel Airways	06/05/1962	St Boniface près de	12	DC3
Channel Express	12/01/1999	Guernesey	2	Fokker F27
Cunard Eagle	09/08/1961	Près de Stavanger	39	Vickers Viking
Dan air	26/06/1981	Nailstone	3	HS 748
Dan air	25/04/1980	Tenerife-Nord	146	Boeing 727
Dan air	31/07/1979	Sumburgh (Shetland)	17	HS 748
Dan air	14/05/1977	Lusaka	6	Boeing 707
Dan air	03/07/1970	Près de Barcelone	112	Comet 4
Dan air	25/05/1958	Gurgaon (Inde)	4	Avro York
Derby Airways	07/10/1961	Mont Canigou	34	DC3
Don Everall Aviation	24/08/1960	Heraklion	3	Vickers Viking
Eagle Aviation	01/05/1958	Blackbushe	34	Vickers Viking
Eagle Aviation	24/08/1952	Potsdam Pt Aérien Berlin	1	Avro York
Euroair	24/05/1995	Près de Leeds	12	Embraer
Euroair	19/11/1984	Inverness	1	Embraer
Fairflight	12/03/1950	Hansdown Pays de Galles	83	Avro Tudor 5
Highland Airways	22/10/2004	Inverness	1	Cessna F404
Hunting Air Transport	17/02/1955	Monte la Cinta (Sicile)	31	Vickers Viking
Hunting-Clan Air	02/02/1958	Près de London-Heathrow	6	Vickers

Compagnie	Date	Lieu	Nombre de victimes	Appareils
Independent Air Travel	02/09/1958	Près de London-Heathrow	3+4 (sol)	Vickers Viking
Invicta International	10/04/1973	Bâle	108	Vickers
Kondair	14/01/1986	Amsterdam	1	BN Trislander
Loganair	15/05/2005	Campbeltown	2	BN Islander
Loganair	27/02/2001	Près d'Edinbourg	2	Short 360
Loganair	19/05/1996	Lerwick (Shetland)	1	BN Islander
Loganair	12/06/1986	Isley (Ecosse)	1	Twin Otter
Manx Airlines	27/02/1958	Près de Manchester	35	Bristol 170
Manx Airlines	22/12/1955	Dusseldorf	3	DC3
Manx 2	10/02/2001	Cork	6	Swearingen
Metropolitan Air	10/07/1961	Biggin Hill (Londres)	2	DH Heron
Redcoat Air Cargo	16/02/1980	Billerica Boston (USA)	7	Bristol Britannia
Scottish Airlines	10/03/1960	Jorbat (Inde)	2	Twin Pioneer
Scottish Airlines	23/12/1957	London-Stansted	4	Avro York
Scottish Airlines	07/12/1957	Fezzan (Libye)	6	Twin Pioneer
Scottish Airlines	30/04/1956	London-Stansted	2	Avro York
Scottish Airlines	18/02/1956	Malte	50	Avro York
Silver City Airways	01/11/1961	Guernesey	2	Bristol 170
Skyways	01/04/1958	Meesden N.E de Southend	3	HP Hermes
Skyways	26/06/1954	Kyritz Près de Berlin	3	Avro York
Skyways	02/02/1953	Terre Neuve	39	Avro York
Skyways	15/03/1949	Berlin Pont aérien	3	Avro York
Skyways	04/02/1949	Tripoli (Libye)	1	DC4
Starways	28/03/1956	Près de Glasgow	1	DC3
Streamline Aviation	25/05/2000	Paris CDG	1	Short 330
Titan Airways	13/11/1993	Sella Field UK	2	Embraer
Transair	19/08/1959	Près de Barcelone	32	DC3
Transmeridian Air Cargo	02/09/1977	Près de Hong Kong	4	Canadair CL 44

Parmi les compagnies mentionnées ci-dessus certaines ont eu à déplorer en plus des accidents mais heureusement sans faire de victimes :

- BKS : trois accidents.
- British Airways : vingt-cinq accidents.
- British European Airways : vingt-cinq accidents.
- British Overseas Airways Corporation : vingt-cinq accidents.
- British United Airways : cinq accidents.
- Channel Airways : trois accidents.
- Channel Express : cinq accidents.
- Cunard Eagle : deux accidents.
- Dan Air: six accidents.
- Loganair : deux accidents.
- Scottish Airlines : quatre accidents.
- Skyways : neuf accidents.

Le tableau ci-dessus montre les nombreux drames qui ont marqué beaucoup de familles depuis la fin de la Seconde Guerre mondiale. Le plus meurtrier fut l'accident survenu à Tenerife à un Boeing 727 de la compagnie Dan Air qui fit 146 victimes. Cette compagnie pendant sa durée d'activité a connu six accidents mortels et six non mortels. Un triste résultat ! Ce qui est très réconfortant par contre est que depuis l'an 2000 le nombre d'accidents s'est réduit considérablement et différents transporteurs n'ont heureusement pas connus de drames. On peut citer : EasyJet, Flybe, Virgin Atlantic, Thomas Cook Airlines, Thomson Airways. Il est à noter que les compagnies « low-cost » en Europe assurent des exploitations avec une très bonne sécurité : Ryanair en Irlande, Volotea et Vueling en Espagne, Wizzair en Hongrie, Norwegian Air Shuttle n'ont pas connu de drames, alors qu'elles sont souvent très critiquées par certains professionnels… Par ailleurs la British Airways, qui a résulté de la fusion de la BOAC et de la BEA qui avaient déploré de nombreux accidents avant la fusion en 1974, n'a pas connu de drames depuis 1976 ce qui en fait une des compagnies plus sûres du monde.

Quelques drames

Dans l'immédiat après guerre, la compagnie British South American Airways eut à déplorer une dizaine d'accidents, dont six mortels en moins de quatre ans ! Deux drames eurent lieu avec des Avro « Tudor » qui ont disparu sans laisser de traces dans le triangle des Bermudes, ce qui conforta les tenants d'un mystère dans cette zone. Le bilan était particulièrement dramatique et conduira le gouvernement britannique à confier la gestion des liaisons à la BOAC.

A la mise en service du premier avion à réaction, le DH « Comet 1 » en 1952, une série tragique d'accidents cloua les avions au sol en 1954. Le 3 mars 1953 un accident fit onze victimes, la cause étant un décrochage immédiatement après le décollage à Karachi, pour un DH « Comet1 » en livraison à la Canadian Pacific Airlines. Le 2 juin 1953, le vol Singapour-Londres de la BOAC explosa près de Calcutta, faisant quarante-trois victimes. Le 10 janvier 1954, le vol Rome-Londres de la BOAC disparut brutalement au-dessus de l'ile d'Elbe, faisant trente-cinq victimes. Le 8 avril 1954, le DH « Comet1 » reliant Rome au Caire, de la BOAC, affrété par la South African Airways, explosa faisant vingt-et-une victimes. Les vols furent suspendus. Suite aux différentes enquêtes qui ont été menées après ces drames, il apparut que la structure de l'avion, en particulier au niveau des hublots rectangulaires, ne supportait pas les pressurisations et dépressurisations. Le métal de la carlingue connaissait une fatigue due au gonflement et dégonflement de la cabine, pour assurer la pressurisation. Les paramètres de la résistance des matériaux à ce type d'efforts répétitifs étaient mal connus à l'époque. Cela a conduit à un renforcement des fuselages, à mener des essais d'endurance sévères, qui ont mis fin à ce genre d'accidents. Le DH « Comet 2 » qui avait été renforcé continua ses vols uniquement pour les militaires.

Le 5 mars 1966, la BOAC a connu un drame au Japon. Le Boeing 707 assurant un vol entre Tokyo et Hong-Kong rencontra des turbulences très sévères peu après son décollage, produisant des contraintes supérieures aux capacités de l'appareil dans sa conception qui le firent exploser. L'avion s'écrasa au pied du mont Fuji. Il fallut déplorer 124 victimes, 11 membres d'équipage et 113 passagers.

Le 8 avril 1968, un Boeing 707 de la BOAC, qui devait assurer la liaison Londres-Sydney avec comme première escale Zurich, a, peu après son décollage de Londres-Heathrow, connu une explosion du réacteur n°2 qui s'est ensuite décroché. L'équipage réussit à revenir à son point de départ et l'avion connaitra une explosion au sol. Sur les 116 passagers et onze membres d'équipage, cinq personnes perdront la vie. L'hôtesse Barbara Jane Harrison aura un comportement particulièrement héroïque, en faisant évacuer les passagers puis en voulant sauver une personne handicapée ne ressortira pas du fuselage en feu. Son héroïsme sera récompensé par la « George Cross », un honneur rarement décerné.

Le 10 septembre 1976, une catastrophe se produisit au-dessus de Zagreb, quand un DH « Trident » de la British Airways reliant Londres à Istanbul avec cinquante-quatre passagers et neuf membres d'équipage et un DC-9 de la compagnie Inex Adria Airways se rendant de Split à Cologne avec cent-huit passagers et cinq membres d'équipage se percutèrent. Le drame fit cent-soixante-seize victimes dans les avions et une au sol. Une des causes fut le fait que le contrôleur yougoslave avait utilisé le slovène pour donner ses instructions à l'équipage du DC-9, ce que les pilotes de l'avion anglais ne pouvaient pas comprendre, et qui fut un des facteurs aggravants du rapprochement des appareils, mal maitrisé par les contrôleurs aériens.

La plus grande catastrophe enregistrée par les britanniques avec un avion seul eut lieu le 25 avril 1980 près de l'aéroport de Tenerife Norte « Los Rodeos », quand un Boeing 727 de la compagnie Dan Air assurant le vol Manchester-Tenerife avec cent-trente-huit passagers et huit membres d'équipage, percuta les flancs du pic du Teide. L'enquête montra que différentes erreurs de navigation de l'équipage et des instructions ambigües de la part des contrôleurs espagnols avaient conduit au drame.

Conclusion

L'aviation commerciale britannique a une très grande histoire sur les cent années qui viennent de s'écouler. Les transporteurs se sont faits et défaits sur toute cette durée avec des hommes souvent talentueux, mais pas toujours… avec les nombreuses de faillites qui ont été enregistrées !

La construction aéronautique britannique a apporté de nombreux appareils au transport aérien. En particulier, le Royaume-Uni a ouvert le monde à l'avion de transport à réaction. Les déboires enregistrés ont servi à tous les fabricants qui ont profité des efforts britanniques pour apporter des solutions aux problèmes rencontrés. L'industrie britannique a eu un rôle majeur dans la propulsion avec des moteurs performants et fiables. La construction aéronautique continue au Royaume-Uni, mais dans un cadre principalement européen, n'en déplaisent aux partisans du Brexit… car les investissements pour développer des appareils modernes ne sont plus compatibles avec les moyens financiers et techniques d'un seul pays. Le Royaume-Uni est devenu le spécialiste de la conception et de la fabrication des ailes de toute la famille des avions Airbus.

Les hommes et les femmes qui ont apporté leur talent ont été nombreux, aussi bien les constructeurs, les ingénieurs, les pilotes, les techniciens, les spécialistes des nombreux métiers dont a besoin le monde du transport aérien, les gestionnaires, les personnels navigants et des contrôleurs aériens très compétents.

L'aventure continue, les créations de transporteurs aériens se poursuivent, même si l'aventure devient plus rare, et va continuer avec des lignes nouvelles, des idées innovantes dans le marketing qui sont toujours en devenir avec des spécialistes à l'esprit pragmatique, libéral et efficace pour attirer de nouveaux passagers. Si le « low-cost » a été une innovation de Southwest Airlines aux Etats-Unis, les britanniques et les irlandais ont su appliquer avec opiniâtreté, talent et réussite les recettes pour permettre à beaucoup plus de voyageurs de se déplacer grâce à des prix modiques.

Le grand challenge des britanniques est de trouver des solutions face à la saturation des installations aéroportuaires, d'autant que la pression est de plus en plus forte. De 2016 à 2017, les aéroports londoniens ont vu passer dix millions de passagers supplémentaires en un an, pour arriver à 170 millions ! Les débuts de 2018 montrent que la tendance se poursuit. Les estimations de trois cents millions de passagers en 2040 sont pertinentes et vont impliquer une nouvelle politique en particulier concernant les infrastructures. Des pistes supplémentaires à Heathrow, Stansted et Gatwick et même à Luton sont obligatoires ainsi qu'à Birmingham. De nouveaux terminaux sur beaucoup d'aéroports londoniens, mais aussi en province comme Manchester devront être construits ou pour le moins agrandis.

Le Royaume-Uni a été un grand acteur du monde aérien et entend le rester aussi bien par sa contribution aux programmes aéronautiques, qu'en tenant une place éminente dans la grande industrie du transport aérien. Pour réussir elle peut compter sur des hommes et des femmes ne manquant ni de talent, ni de courage, ni de pragmatisme.

J J Dufour

Bibliographie

Collections de l'auteur

Ouvrages consultés
Une Histoire de l'Aviation Commerciale (J J Dufour)
Airliners since 1946 (Kenneth Munson)

Revues consultées
Air et Cosmos
Airways
Aviation Magazine
Civil Aviation Authority
Commercial Aviation News
Flight
The Aeroplane
Les Ailes

Sites internet consultés
Wikipedia
Air Safety

Crédit photos

Les illustrations de cet ouvrage sont tirées des sites *wikimedia commons* et *flickr*. Elles sont libres de droits car tombées dans le domaine public ou sous licence CC-BY-SA. Voici la liste des illustrations avec le détail des licences.

Armstrong Whitworth Argosy Imperial Airways : BArchBot (CC-BY-SA 3.0)
Handley Page des lignes Imperial Airways : SDASM Archives (domaine public)
Les routes d'Imperial Airways en 1935 : Ww2censor (domaine public)
Les routes de Railway Air Services
Airbus 321 de la compagnie Air2000 : Russavia (GNU 1.2)
Fokker F27 de la Air UK : MilborneOne (CC-BY-SA 3.0)
Avro 689 Tudor d'Air Charter : RuthAS (CC-BY-SA 3.0)
B737 de la AirUK Leisure : YiFeiBot (CC-BY-SA 3.0)
Lockheed Electra de l'Atlantic Airlines : Arpingstone (domaine public)
Boeing 747 de la British Airways : RHL Images (CC-BY-SA 2.0)
A380 de la British Airways : Alan Wilson (CC-BY-SA 2.0)
DC10 de la British Caledonian : Ken Fielding (CC-BY-SA 3.0)
B747-230 de la British Caledonian : Ken Fielding (CC-BY-SA 3.0)
DH114 de la British European Airways : Ken Fielding (CC-BY-SA 3.0)
Handley Page Herald British Island Airways : Eduard Marmet (CC-BY-SA 3.0)
Dart Herald de la British Midland : Ken Fielding (CC-BY-SA 3.0)
Vickers Viscount de la British Midland : Rob Hodgkins (CC-BY-SA 2.0)
Boeing 377 Stratocruiser de la BOAC : RuthAS (CC-BY-SA 3.0)
Armstrong Whitworth BSAA
Bristol 170 Freighter 32 de la BUA : Ken Fielding (CC-BY-SA 3.0)
Boeing 707 de la Caledonian : RuthAS (CC-BY-SA 3.0)
Avro York de la Dan air : RuthAS (CC-BY-SA 3.0)
Comet de la Dan Air : Piergiuliano Chesi (CC-BY-SA 3.0)
Bristol Britannia de la Donaldson : Richard Goring (CC-BY-SA 2.0)
Jetstream 2 de la Eastern Airways : Arpingstone (domaine public)
Boeing 737 EasyJet : Barcex (CC-BY-SA 2.5)
Boeing 757-200 First Choice : Martin Galloway (CC-BY-SA 3.0)
B747 de la compagnie Highland Express : Ken Fielding (CC-BY-SA 3.0)
B757-200 de la Jet2.com : Chris Ogilvie (CC-BY-SA 3.0)
Boeing 757 de la JMC Airlines : Aero Icarus (CC-BY-SA 2.0)
DC-10 de la Laker Airways : Eduard Marmet (CC-BY-SA 3.0)
A321-200 de la Monarch Airlines : Tony Hisgett (CC-BY-SA 2.0)
Bristol 170 de la Silver city Airways : RuthAS (CC-BY-SA 3.0)
Boeing 747-400 Virgin Atlantic Airways : Eluveitie (CC-BY-SA 3.0)
A330 de la Virgin Atlantic Airways : Martin Oertle (CC-BY-SA 2.0)
ATL 98 « Carvair » de la British Air Ferries : Richard Goring (CC-BY-SA 2.0)
Armstrong Whitworth AW27 Enseign : SDASM Archives (domaine public)

Armstrong Whitworth Argosy pour le fret : Alan Wilson (CC-BY-SA 2.0)

Avro 618 doté de trois moteurs : SLQbot (domaine public)

Avro Lancastrian : JustSomePics (domaine public)

Avro Anson 19 British South American Airways : RuthAS (CC-BY-SA 3.0)

Avro 688 Tudor BSAA : RuthAS (CC-BY-SA 3.0)

Avro 685 York sur l'aéroport de Luton : RuthAS (CC-BY-SA 3.0)

Concorde de la British Airways : Eduard Marmet (CC-BY-SA 3.0)

BAE 146 de la British Airways : Pieter van Marion (CC-BY-SA 2.0)

Bristol 170 de la Silver City Airways : Anne Burgess (CC-BY-SA 2.0)

Bristol 175 Britannia de la Monarch Airlines : Andrew Thomas (CC-BY-SA 2.0)

Bristol 175 Britannia de la Cubana de Aviacion : Chesipiero (CC-BY-SA 3.0)

DH84 Dragon : RuthAS (CC-BY-SA 3.0)

DH89 Dragon rapide : Tony Hisgett (CC-BY-SA 2.0)

DH66 Hercules Imperial Airways : w:en:Bzuk (domaine public)

DH95 : Fæ (domaine public)

DH104 Dove : Julian Herzog (CC-BY-SA 4.0)

DH114 Heron de la Jersey Airlines : Tony Hisgett (CC-BY-SA 2.0)

DH Comet 1 de la BOAC : Altair78 (CC-BY-SA 3.0)

Comet 4 de la BOAC : RuthAS (CC-BY-SA 3.0)

Handley Page Halton : PeterWD (domaine public)

Handley Page HP42 Imperial Airways : SDASM Archives (domaine public)

Handley Page HP42 Imperial Airways : G. Eric and Edith Matson (domaine public)

Handley Page 81 Hermes Silver City : RuthAS (CC-BY-SA 3.0)

Handley Page 81 Hermes Britavia : RuthAS (CC-BY-SA 3.0)

Dart Herald de la British Air Ferries : RuthAS (CC-BY-SA 3.0)

Handley Page Jetstream 31 Blue Islands : Danrok (CC-BY-SA 3.0)

Short Scion : RuthAS (CC-BY-SA 3.0)

Short Empire : PeterWD (domaine public)

Short S33 Empire Cleopatra : Mundoola (domaine public)

Short Mayo : SDASM Archives (domaine public)

Short Solent : PeterWD (domaine public)

Short Solent : Bill Abbott (CC-BY-SA 2.0)

Short Skyvan de la Invicta Aviation : Adrian Pingstone (domaine public)

Short 330 Loganair : Alastair Barbour (CC-BY-SA 2.0)

Short 360 de Air UK : Rob Hodgkins (CC-BY-SA 2.0)

Short 360 Guernesey : Steven Duhig (CC-BY-SA 2.0)

Vickers Vimy : MGA73bot2 (domaine public)

Vickers Vulcan : SDASM Archives (domaine public)

Vickers Viscount British Airways : Eduard Marmet (CC-BY-SA 3.0)

Vickers Viscount Dan Air : Eduard Marmet (CC-BY-SA 3.0)

Vickers Vanguard Invicta International : Ken Fielding (CC-BY-SA 3.0)

Vickers Vanguard BEA : Arpingstone (domaine public)

Vickers VC10 BOAC : Ken Fielding (CC-BY-SA 3.0)

Vickers VC10 East African: RuthAS (CC-BY-SA 3.0)

Aéroport de London Gatewick : Pete Chapman (CC-BY-SA 2.0)